松浦俊弥
Toshiya Matsuura

角田哲哉
Tetsuya Kakuda

〔改訂版〕

障害のある 子どもへの サポートナビ

特別支援教育の理解と方法

北樹出版

はじめに

　「クラスに自閉症の女児がいます。支援の方法が適切かどうか教えてください」と、ある小学校で5年生の担任をしているまだ若い男性教員から相談を受けました。さっそく学校を訪問し授業を見学してみると、女児は授業の流れに関係なく思いついたことをどんどん質問していました。「その国はどこにあるのですか？」「その国の人は何を食べていますか？」。

　それでも先生は1つ1つの質問に丁寧に笑顔で答えていました。「日本から東の方に何千キロも離れたところにあるよ」。子どもたちはそんなやり取りを笑顔で見守っていました。

　授業が終わりました。次は体育なので準備ができた子どもたちはグラウンドへ飛び出していきましたが、女児は1人で教室の中を不安そうに歩き回っていました。すると別の女児が「次は体育だから着替えてグラウンドへ行くよ」と明るく声をかけました。2人は一緒に着替え、手をつないでグラウンドへ向かいました。放課後、若い担任は不安な表情で「どうでしたか？」と問いかけてきました。私は「今のままで十分ですよ。子どもたちすべてが先生の思いにしっかり共感できています」と微笑み返しました。担任は、ほっとした表情を浮かべました。子ども同士がことさら障害の有無など意識せずに共に学ぶ。これがまさにインクルーシブ教育のあるべき姿なのだろうと心がとても温かくなったことを思い出します。

　2018（平成30）年から実施に移されている新しい学習指導要領には、インクルーシブ教育の理念が初めて反映されました。国でも自治体でも、すべての子どもたちが共に学ぶ教育を推進するためにさまざまな取り組みが進められています。神奈川県はすでに県教育庁にインクルーシブ教育推進課を設け、いくつかの県立高校をインクルーシブ教育実践推進校に指定し、知的な障害がある生徒の受け入れも始めています。今後、この流れは全国の小中学校や高校などへ広がっていくでしょう。

　2019（平成31）年から幼稚園・小中学校・高校の教諭、養護教諭、栄養教諭

のすべての教員免許の取得を目指す学生は、必ず「特別の支援を必要とする幼児、児童及び生徒に対する理解」に関する授業を受けることになりました。これからの日本の学校では障害のある子どもたちだけではなく多様な「特別な支援（配慮）を必要とする子どもたち」が共に教育を受けることになります。それは学校だけでなく、学童保育（放課後児童クラブ）や民間の学習塾、スポーツ教室など他の社会教育関係機関も同様です。

　さまざまな分野の教育を支えるみなさんに「特別な支援」の基礎的、基本的な知識と技術を学んでもらうため、わかりやすくポイントを絞ってまとめられた本書です。他者とさりげなく支え合おうとする子どもたちは、やがてこの国に優しさあふれる社会を形作ってくれるでしょう。そんな未来を想像しながら一緒に学んでいきましょう。

2019 年 3 月　松浦俊弥

改訂版にあたって

　2022 年 9 月に障がいのある子もない子も共に学ぶインクルーシブ教育が推進されていない点について、国連は日本に改善を求める勧告を出しました。

　世界からみれば日本の特別支援教育は「障害のある子とない子を分けて教育する」ものと受け止められているようです。日本は決して「分けて教育する」ことを推進しているわけではないのですが、それでも世界からみれば特別支援学校や特別支援学級は「分けて学ぶ」場所にみえるのでしょう。

　いま、改めて時代に沿った現在の特別支援教育について理解し、障害がある子どもたちにどのような教育が必要なのか、福祉を通じてどのように支援していくのかを学んでみてください。本書はそのために一部を改訂しました。そしてまたリアルタイムで子どもたちを取り巻く状況は変化していきます。国連から評価されるくらい障害がある子の笑顔が輝く学校づくりを進められるよう、本書を手にしてくれた皆さんとともに私も頑張っていきたいと思います。

2024 年 2 月　松浦俊弥

目　次

障害のある子どもへのサポートナビ

——特別支援教育の理解と方法

【改訂版】

特別支援教育の基本的な理解

1 特別支援教育とは

1. 普通教育と特別支援教育

　大多数の人は小学校や中学校で普通教育を受けてきたと思いますが、中には特別支援教育を受けてきた方もいるでしょう。普通教育と特別支援教育の違いとは何か知っていますか。

　日本では小学校や中学校などで学年に応じて受ける教育を普通教育と呼んでいます。日本国憲法（以下「憲法」と略）第 26 条には「すべて国民は、法律の定めるところにより、その保護する子女に普通教育を受けさせる義務を負ふ」と書かれています。また教育基本法（以下「教基法」と略）第 5 条（義務教育）には「国民は、その保護する子に（中略）普通教育を受けさせる義務を負う」とあります。

　話は少しそれますが、教員免許の取得を目指したり子どもに関わる仕事に就いたりするためには数多くの法律を学ばなければなりません。本書では可能な限りわかりやすい表現や説明を心がけますが、時に難しい法律用語も登場しますので、それらもしっかり学んでみてください。

　さて、法律に登場する普通教育を文部科学省（以下「文科省」と略）は「全国民に共通の、一般的・基礎的な、職業的・専門的でない教育」と説明し、小学校 6 年間、中学校 3 年間に受ける教育であるとしています。学年ごとに何を

教えるかは学習指導要領（全国のどの地域で教育を受けても一定の水準の教育を受けられるようにするために文科省が定めた基準）に沿って決められています。

　それに対し特別支援教育という言葉があります。文科省は「障害のある幼児児童生徒一人一人の教育的ニーズを把握し、その持てる力を高め、生活や学習上の困難を改善又は克服するため、適切な指導及び必要な支援を行う」と説明しています。障害がある子どもには普通教育の中でさらに障害に応じた適切な支援をすることを指します。

　では特別支援教育とは普通教育の「反対言葉」であり、それは「普通ではない教育」なのでしょうか。教基法第4条（教育の機会均等）第2項には「国及び地方公共団体は、障害のある者が、その障害の状態に応じ、十分な教育を受けられるよう、教育上必要な支援を講じなければならない」と書かれています。障害がある者ももちろん普通教育の対象ではあるけれど、障害の状態によって十分な教育を受けられないこともあるから、国や都道府県、市町村は十分な支援を考えなさい、という意味です。

　特別支援教育とは「普通ではない教育」ではなく、障害や病気がある子どもたちが計9年間の普通教育を受ける際に、さらに必要な支援を行う教育を指します。そこを間違えると「普通ではない」子どもたちが受ける教育という誤解につながってしまいますので注意してください。

2. 特別支援教育の目的

　前項で示したように、特別支援教育は「一人一人の教育的ニーズを把握し、その持てる力を高め、生活や学習上の困難を改善又は克服するため」に行われるものです。では「一人一人の教育的ニーズ」とは何でしょう。そもそも人間は一人一人異なるものですが、障害や病気があると視覚や聴覚の活用に困難性が高かったり、学習能力に課題が生じたりします。その場合、それに応じた教育方法が必要（拡大教科書を使うなど）であり、またその能力に応じた教育内容を用意することが「教育的ニーズ」といえるでしょう。

　そして視覚障害があってもピアノ演奏が得意だったり、肢体不自由があって

も車いすバスケットボールに優れた能力を持っていたりするなど、障害や病気があっても秘められた可能性を持つ者には、その能力を最大限に高めながら、同時に白杖（視覚障害者が歩行時に使用する杖）の使い方や車いすの利用法を教え、生活や学習上の困難を改善していく知識や技術を伝えます。

　発達障害がある人の中にはイデオサヴァン（サヴァン症候群）といって、発達上で気にかかることはあるけれど、その人なりの特別な能力を持っていることがあります。最近ではテレビドラマでイデオサヴァンの主人公が取り上げられることもあります。過去の偉大な研究者や芸術家、今をときめく映画俳優などの中にもイデオサヴァンの傾向がみられる人がいて、その人がいなければ科学的、文化的な発展がなかったかもしれません。

　特別支援教育を「ダメな子どものための教育」「悪い子どものための教育」と考えている人に出会うことがありますが、そんなことはまったくありません。一人一人に応じた教育方法を通じて能力を最大限に伸ばしながら「生きる力」も高めていく。特別支援教育は素晴らしい目的を持った教育です。

3. 特別支援教育の歴史
（1）明治から大正、昭和前期までの障害児教育

　日本の学校教育制度は 1872（明治5）年、森有礼が初代文部大臣として公布した学制（現代の教基法に近いもの）から始まったといわれています。全国に小学校や中学校などを設置し、すべての国民が教育を受けられることを目指した世界でも画期的な法令でした。

　ただ、当時の教育は富国強兵策（西洋に負けない強い軍隊を作る政策）に基づくものであり、軍人養成に重きを置いた目的がありました。そのため障害や病気がある子どもたちは辛い思いをしていたでしょう。そんな当時の日本で、彼らにも適した教育が必要であると活動した日本人がいました。

　幕末から明治維新を扱った歴史ドラマで、維新の立役者ではあるものの時に憎まれ役としても紹介される岩倉具視（1825-1883）が全権大使を務めた使節団は、西洋で聴覚障害や視覚障害がある子どもたちに教育を行っていることに驚

いたといわれています。その驚きは学制に影響を及ぼし「廃人学校」を作るべきとの文言が確認されています。

　その意向に沿い 1874（明治 7）年には京都府の小学校で聴覚障害教育が開始され、1878（明治 11）年には日本初の障害児のための学校である京都盲唖院（視覚・聴覚障害教育）が創設されました。ここでは日本の聴覚障害教育の草分けである古川太四郎（1845-1907）が初期の手話による授業を始めています。

　1909（明治 42）年には東京盲唖学校から分離した東京盲学校が開設され、石川倉次（1859-1944）が考案した「日本訓盲点字」の指導などが始まりました。1910（明治 43）年には同じく東京盲唖学校から切り離された東京聾唖学校が創設されましたが、ここで初代校長を務めた小西信八（1854-1938）は今でいうインクルーシブ教育推進の第一人者であり、師範学校（教員養成学校）の付属小学校に盲唖教室（今の特別支援学級）を設置するよう求め、障害の有無にかかわらず共に学ぶ場を増やすことを推奨していました。

　知的障害教育については 1897（明治 30）年、石井亮一（1867-1937）が東京で開設した滝乃川学園で初めて本格的に開始されたといわれています。肢体不自由教育は 1921（大正 10）年に柏倉松蔵（1882-1964）が設立した柏学園で始められたといわれています。病弱教育には諸説ありますが、1889（明治 22）年に三重県尋常師範学校で脚気（ビタミン欠乏症の一種）の子どもに教育を施したのが最初の病弱教育であるとの説が有力です。

　小西信八が取り組んだ「共に学ぶ」教育はその後「補助学級」（今の特別支援学級）の設置という形で全国に広がり、1924（大正 13）年には当時の文部省の調査で全国の設置校数 235 校、学級数 463 と増えていきました。しかしやがて日本は不況となり、障害児のための学校や学級は削減され始めたのです。その後、戦争への足音が聞こえ始めました。

（2）第二次大戦時下の障害児教育

　1941（昭和 16）年、戦時下の日本では国民学校令が公布されました。これからは戦争遂行のために国民は総動員体制を取り、子どもは学校で軍事教練など

軍事色の濃い教育を受けることになりました。しかし、そんな体制とは裏腹に国民学校令では障害があっても学校へ通うことが奨励され、補助学級や養護学級（今の特別支援学級）が飛躍的に増加し、障害児学校も国民学校となり、多くの障害児が学校へ通うこととなりました。

　もちろんそれは障害児教育運動の成果でもあるのですが、反面、障害児者も戦争に協力せよという総動員体制の一環でもあり、また障害児に教育を施せば犯罪者にならないといった目的もあったようで、手放しで喜べる状況ではなかったようです。

　戦争が激しくなると「子どもの教育に大きな影響はない」として補助学級等の教員から徴兵が進み、次々に同学級が閉鎖されていきました。また障害児学校が兵舎として利用され閉校になった学校もあったようです。戦争が障害児教育に暗い影を落とし、1945（昭和20）年の敗戦時にはその機能は著しく低下していました。

（3）新しい時代の障害児教育

　日本の敗戦で第二次世界大戦（太平洋戦争）が終わりました。日本はそれまでの軍国主義下での教育制度を反省し、新憲法のもとで教基法など数々の新しい法律を作りました。1947（昭和22）年には学校教育法（以下「学校法」と略）が制定され盲学校（視覚障害がある子どもの学校）、聾学校（聴覚障害がある子どもの学校）、養護学校（今の特別支援学校）や特殊学級（今の特別支援学級）が設置されました。

　1948（昭和23）年には盲学校・聾学校が義務教育となり、遅まきながら1979（昭和54）年に養護学校が義務教育化（どのような障害があっても学校に通う）されました。そして1990年代になり、教育界では「発達障害」への対応が課題になり始め、2002（平成14）年に文科省は「21世紀の特殊教育の在り方」という報告書を出し、今後は小学校や中学校の通常の学級でも発達障害がある子どもへの教育を行う必要があると提言しています。翌2003（平成15）年には「今後の特別支援教育の在り方」という文書が出され、ここで初めて特別支援教育

という名称、その意義が一般に紹介されました。

　同文書では全国の調査を踏まえ、通常の学級にも発達障害傾向がある子どもたちが 6.3% 存在する可能性があるとの報告があり世間を驚かせました。今までルールを守れない、特定の教科だけ苦手、すぐにキレるような子どもたちを「問題児」と考えていた教育関係者は、実はそれが脳の機能障害に起因していたかもしれないと聞いて驚き、今までの対応を根本から見直す必要に迫られました。そしてもう養護学校や特殊学級などへ子どもを「分ける」教育は限界であり、通常の学級でも子どもの特性に応じた丁寧な指導・支援が必要であるとの考えのもと、2006（平成 18）年に教基法が改正され、新たに障害児教育の重要性が条文に加えられました。2007（平成 19）年には学教法が改正され、初めて特別支援教育の理念が法に盛り込まれました。

（4）21 世紀のインクルーシブ教育

　21 世紀に入ってからの特別支援教育の流れは障害者の自立や社会参加を目指した世界の動きと連動しています。1994 年、スペインのサラマンカという都市で国際的な機関であるユネスコが「特別なニーズ教育に関する世界会議」を開催し、今後は障害のある子もない子も共に学ぶインクルーシブ教育を世界で推進していこうとする「サラマンカ宣言」を採択しました。

　また、2001 年には世界保健機関（WHO）総会において、障害の程度に関する国際基準である ICF（国際生活機能分類）が採択されました。それまでの「障害は個人の責任」とも受け取れるような理解ではなく、人間はみな一人一人異なる要素を持っていて、障害もその要素の 1 つであるとし、さらに社会のバリアフリー化やユニバーサルデザイン化が進めば障害により社会参加が阻害されている人たちも自由に行動できると示されました。つまり、障害者の社会参加が進まないのは周囲にも責任があるのでみんなで努力しましょう、とする理念が新しい時代の流れになることを明らかにしたのです。

　日本の特別支援教育改革もその流れに乗り、2007（平成 19）年以降も取り組みが推進され続けています。2011（平成 23）年、障害者基本法（以下「障基法」

表 1-1　特別支援教育に関する歴史年表（筆者作成）

年	教育関係の動き	概要	障害関係の動き
1994 (H6)			サラマンカ宣言
2001 (H13)	「21世紀の特殊教育の在り方について」最終報告	初めて特別支援教育の理念が広く紹介された文書	
2003 (H15)	「今後の特別支援教育の在り方について」最終報告	特別支援教育の具体的な取り組みを紹介・モデル事業開始	
2004 (H16)			障害者基本法改正 発達障害者支援法成立
2006 (H18)	「通級による指導」開始 教育基本法改正	通常の学級にいる発達障害児等の「通級指導教室」始まる 初めて障害児教育の理念が盛り込まれる	障害者権利条約採択（国連） 障害者自立支援法制定
2007 (H19)	学校教育法改正 「特別支援教育の推進について」（文科省通知）	「特殊教育」から特別支援教育へ名称変更 コーディネーターの設置等について具体的な方向性示す	
2009 (H21)	学習指導要領改訂 特別支援学級の対象に自閉症を加える	特別支援学校として初めての学習指導要領	
2011 (H23)			障害者基本法改正
2012 (H24)	中教審「共生社会の形成に向けたインクルーシブ教育システム構築のための特別支援教育の推進」	障害の有無にかかわらず共に学ぶ教育の方向性を示す	
2013 (H25)	学校教育法施行令改正 「教育支援資料」発行	就学先決定は本人・保護者の意見を尊重 教室内での合理的配慮を示す	障害者差別解消法制定（施行はH28）
2017 (H29)	学習指導要領改訂	インクルーシブ教育の理念が初めて盛り込まれる	
2018 (H30)	学教法施行規則・改正140条施行」	高校における「通級による指導」（通級指導教室）の制度化	
2020 (R2)	COVID-19（新型コロナウイルス）への対応	長期休校や感染者の長期欠席に対応するオンライン授業の推進など	
2022 (R4)	国連が「障害者権利条約」に関して勧告	2014年に批准した条約の理念が守られていないと日本が勧告を受ける	

| 2023 (R5) | 特別支援学級・通級指導教室の激増 | 特別支援学級・通級指導教室が過去10年で約2倍に。併せて担当者(担任等)の不足が社会問題に | |

と略)が改正され、インクルーシブ教育の理念が障害関係の法律にも明記されました。翌2012（平成24）年には文科省の中央教育審議会（以下「中教審」と略・新しい学習指導要領編成のために関係者が話し合う会議）から「共生社会の形成に向けたインクルーシブ教育システム構築のための特別支援教育の推進（報告）」という文書が出され、それまで障害児の就学先が原則として「特別支援学校か特別支援学級」と考えられていた流れを「就学先は本人や保護者の意見を尊重する」方向に転換し、通常の学級に障害児が入った場合の支援方法や合理的配慮についてまとめた「教育支援資料」が2013（平成25）年に発行されました。同年8月には学教法施行令が改正され、原則としてすべての子どもたちが地域の学校に就学する方向性が示されました。

　2017（平成29）年に学習指導要領が改訂され翌年より移行措置が始まっていますが、この指導要領には初めてインクルーシブ教育の理念が取り入れられました。しかし、日本はインクルーシブ教育の推進を提唱した国連「障害者の権利条約」を2014（平成26）年に批准したのですが、法や制度の整備を進めたものの、国連が求めるレベルにはまだ到達できていないとして2022（令和4）年、国連から「しっかり推進するように」と勧告を受けました（表1-1参照）。今後は特別支援教育とインクルーシブ教育との関係性についてさらに議論が進んでいくでしょう。

2　特別支援教育に関する法制度

1. 特別支援教育の法制度

　教基法で「障害のある者が、その障害の状態に応じ、十分な教育を受けられるよう、教育上必要な支援を講じなければならない」と示された特別支援教育ですが、その根拠は学教法の第72条から82条にかけて様々な形で示されてい

ます。それらの法律の中の重要な条文に従いながら特別支援教育の制度を学んでみましょう。

（1）特別支援学校の目的（学校教育法　第72条）

特別支援学校の目的は以下のように示されています。

> 「特別支援学校は、視覚障害者、聴覚障害者、知的障害者、肢体不自由者又は病弱者（身体虚弱者を含む。以下同じ）に対して、幼稚園、小学校、中学校又は高等学校に準ずる教育を施すとともに、障害による学習上又は生活上の困難を克服し自立を図るために必要な知識技能を授けることを目的とする」

第72条では、以前は養護学校や聾学校、盲学校などと呼ばれていた（今もそう呼ぶ地域があります）ものが「特別支援学校」に統一して名称変更されたことを示した上で、その学校教育の目的が「障害による学習上又は生活上の困難を克服し自立を図るために必要な知識技能を授けること」であると明らかにしています。ICFの考え方に沿えば、社会的な環境が整えば社会参加に関するバリアは軽減されるとなったものの、現実を見ればまだまだ障害者に対する理解は広がらず、また支援も充実しているとは言い難い状況です。そのため、障害や病気がある子どもたち自らが特別支援学校で障害による困難の改善・克服のために学び、社会参加を進めるための特別支援教育を受ける場所であると規定しています。もちろん社会の側が彼らの参加や活動を保障していくことも重要ですが、障害や病気があっても当たり前に「生きる力」を発揮し、生まれてきたことに感謝しながら、充実した人生を送るための学びを自ら体得していく、そのために教員は指導や支援を徹底しなければならない、そういった意気込みがここから読み取れます。

特別支援学校にはそれぞれ小学生が通う小学部、同じく中学部を置くことになっています（学教法第76条）。また多くの特別支援学校に障害がある高校生が通う高等部が設置されています（高等部を設置しない自治体もあります）。小

学部だけ、あるいは中学部と高等部だけの特別支援学校もあります。

　視覚障害、聴覚障害の学校には高校（高等部）を卒業した者が理療技術や鍼灸技術を学ぶために通う専攻科を設置しているところもあります。また同じく視覚、聴覚障害の学校では就学前の子どもが通う幼稚部を設置しているところがあります。最近では知的障害がある高校生だけが職業訓練をしたり働く力を伸ばしたりするために通う高等学園、高等特別支援学校などと呼ばれる学校も増えています。また、視覚・聴覚・病弱の特別支援学校に在籍する子どもの数は減少しているものの、知的障害の学校に通う子どもは増加しているため、たとえば余裕が生じた視覚障害の学校に知的障害の学校を統合するなど複数の障害種に対応した「併置校」と呼ばれる学校が増えています。

（2）センター的機能（学校教育法　第74条）
　「特別支援学校においては、（中略）幼稚園、小学校、中学校、義務教育学校、高等学校又は中等教育学校の要請に応じて、（中略）幼児、児童又は生徒の教育に関し必要な助言又は援助を行うよう努めるものとする」

　以前の養護学校にはなかった新しい機能です。発達障害を含め、さまざまな障害がある子どもたちが多様化し、特別支援教育の対象となる総数は増えています。そのため昔から地域にある教育センター、相談センターのような場所だけでは相談対応が難しくなり、特別支援学校には地域の特別支援教育の相談センター、支援センター的な機能が求められることになりました。

　2007（平成19）年に出された文科省通知「特別支援教育の推進について」にはセンター的機能について次のように書かれています。

　・特別支援学校においては、これまで蓄積してきた専門的な知識や技能を生かし、地域における特別支援教育のセンターとしての機能の充実を図ること。
　・特に、幼稚園、小学校、中学校、高等学校及び中等教育学校の要請に応じて、発達障害を含む障害のある幼児児童生徒のための個別の指導計画の作成や個別の教育

支援計画の策定などへの援助を含め、その支援に努めること。

・また、これらの機関のみならず、保育所をはじめとする保育施設などの他の機関等に対しても、同様に助言又は援助に努めることとされたいこと。

・特別支援学校において指名された特別支援教育コーディネーターは、関係機関や保護者、地域の幼稚園、小学校、中学校、高等学校、中等教育学校及び他の特別支援学校並びに保育所等との連絡調整を行うこと。

　同通知では小学校や中学校、高校にも特別支援教育コーディネーターを置くこととされていますが、特別支援学校のそれには小中学校等のコーディネーターに指導や相談支援ができるような高い専門性が求められます。また、相談支援だけでなく特別支援学校は地域の学校に教材や教具を貸し出したり、個別の教育支援計画などの作成について助言したりすることも求められています。

　この法律が施行されて以降、おかしな言い方ではありますが教育界の特別支援学校の地位が向上したように感じます。今では特別支援学校の支援がなければ周囲の学校の特別支援教育がスムーズに進まないところも出てきています。特別支援学校の教員もその期待に応えるべく、常に研修を継続し、切磋琢磨していく必要があるでしょう。

（3）就学基準（学校教育法　第75条）

「（前略）視覚障害者、聴覚障害者、知的障害者、肢体不自由者又は病弱者の障害の程度は、政令で定める」

　特別支援学校は誰もが入学可能なわけではありません。どのような障害の状態だと特別支援学校に入学できるのか。それは学教法施行令第22条の3に詳細が示されていますが、それについては後段で紹介したいと思います。

（4）特別支援学校の教育課程（学校教育法　第77条）

「特別支援学校の幼稚部の教育課程その他の保育内容、小学部及び中学部の

教育課程又は高等部の学科及び教育課程に関する事項は、幼稚園、小学校、中学校又は高等学校に準じて、文部科学大臣が定める」

　特別支援学校で何を勉強するのか。基本的には小中学校や高校と同じ勉強をします。それをこの条文の「準じて」という言葉から特別支援学校での教育を「準ずる教育」と表現しています。障害や病気があっても小学1年生であれば通常の学校と同じ学習指導要領を使い学ぶ、ということです。特別支援学校の教育内容については学教法施行規則第126から141条に詳しく記されています。ちなみに「政令で定める」とあれば詳細は施行令に、「文部科学大臣が定める」とあれば詳細は施行規則に載っていると考えてください。
　ただ、知的障害がある子どもの場合、年齢や学年に沿った学習は困難な場合があります。そこで学教法施行規則の第128から131条では知的障害がある子どもへの教育の特例などについて触れられています。
　教育課程については第3章で解説していますので参照してください。

（5）寄宿舎（学校教育法　第78条）

「特別支援学校には、寄宿舎を設けなければならない。ただし、特別の事情のあるときは、これを設けないことができる」

　寄宿舎とは、障害がある子どもたちの学校以外の生活の場であり、家庭から離れて生活指導を受けながら共同で過ごす場所です。なぜ特別支援学校に寄宿舎が必要なのでしょう。
　現在、知的障害の特別支援学校については通う子どもの数の増加という事情もあり、ほとんどの子どもが自宅から通える距離に設置されているところが多くなっています。自宅近くから乗車でき学校まで送迎してくれるスクールバスもあります。ただ、スクールバスについては場所によっては乗車時間が片道1時間から2時間になる学校もあるようで、その長時間乗車が問題になっています。そのため知的障害の特別支援学校でも寄宿舎が設置されている学校もあり

ますが、数はきわめて少なくなっています。

　しかし一方で、視覚障害や聴覚障害、また病弱の特別支援学校は都道府県内に少数しか設置されていないところが多く、県内に１校程度しかない場合は遠方から通うのが難しく、寄宿舎を設置しているところが多くなっています。ちなみに病弱の特別支援学校は病院に隣接していたり院内に併設されたりしているので寄宿舎の必要はないことが多いのですが、寄宿舎が設置されている病弱の学校もあります。寄宿舎には寄宿舎教諭、寄宿舎指導員と呼ばれる職員などがいて、日常生活に必要な入浴、排せつ、食事の指導を行うほか、余暇の時間には勉強を教えたり子どもと一緒に遊んだりすることもあります。夜間も必ず数名の職員が寝泊まりし、万が一の際に備えます。

（6）都道府県の義務（学校教育法　第80条）

　「都道府県は、その区域内にある学齢児童及び学齢生徒のうち、視覚障害者、聴覚障害者、知的障害者、肢体不自由者又は病弱者で、その障害が第七十五条の政令で定める程度のものを就学させるに必要な特別支援学校を設置しなければならない」

　特別支援学校の設置義務は都道府県にあります。ほとんどの特別支援学校が「都道府県立」になっていますが、まれに「市立」の学校もあります。とくに政令指定都市に設置されるケースが多いようですが、人口の多い市が独自に設置しているところもあります。

　国立や私立の特別支援学校もあります。国立の場合は、ほとんどが地域にある国立大学教育学部の付属校です。ここでは国立大学の教員による特別支援教育に関する研究の支援や特別支援学校教員養成における教育実習の受け入れ支援なども行います。もちろん子どもたちへの特別支援教育も充実しています。

　私立の特別支援学校はとても少ないですが、それぞれに特色を見せています。広大な自然の中で特別支援教育を進める知的障害の子どものための全寮制特別支援学校や私立大学の付属特別支援学校などがあります。

（7）通常の学校の特別支援教育（学校教育法　第81条）

「幼稚園、小学校、中学校、義務教育学校、高等学校及び中等教育学校においては、（中略）教育上特別の支援を必要とする幼児、児童及び生徒に対し、文部科学大臣の定めるところにより、障害による学習上又は生活上の困難を克服するための教育を行うものとする」

②「小学校、中学校、義務教育学校、高等学校及び中等教育学校には、次の各号のいずれかに該当する児童及び生徒のために、特別支援学級を置くことができる」

　　一　知的障害者
　　二　肢体不自由者
　　三　身体虚弱者
　　四　弱視者
　　五　難聴者
　　六　その他障害のある者で、特別支援学級において教育を行うことが適当なもの

③「前項に規定する学校においては、疾病により療養中の児童及び生徒に対して、特別支援学級を設け、又は教員を派遣して、教育を行うことができる」

　この条文では幼稚園、小学校、中学校、義務教育学校（小学生から中学生までの義務教育段階の子どもを一貫して教育する学校）、高等学校及び中等教育学校（中学生から高校生までを一貫して教育する学校）などいわゆる「通常の学校」でも必要な子どもに対しては特別支援教育を行わなければならないことが記されています。非常に重要な部分です。

　通常の学校の通常の学級にも最新の調査では8.8％の発達障害傾向の子どもがいるという結果（文科省、2022年）が出ています。また今はインクルーシブ教育が進み、さまざまな障害がある子どもが通常の学校に通うケースが増えています。そもそも特別支援教育はそれまでの「学ぶ場を変える」特殊教育ではなく、すべての学校で行われるべきものという概念を有していて、それを具現化した

法律です。

　ちなみに②では通常の学校に置くことができる特別支援学級について触れています。この条文を見ると高校にも特別支援学級を置いてよいこととなっていますが、まだ日本ではそのような高校はないようです。しかし、2018（平成30）年度から「通級による指導」（通常の学級に在籍している障害がある子どもが授業を抜けて他の場所で必要な教育を受ける制度）が高校でも認められるようになり、発達障害がある高校生がそれを利用している事例があります。

　③では、障害や病気の影響で通学が困難な子どもには教員が出張指導できる訪問学級、病院で入院治療している子どものために地元の小中学校や特別支援学校が病院内に開設する「院内学級」に関する記述があります。

　なお②、③については後段で詳細に触れます。

（8）その他の特徴

　日本の小学校や中学校、高校の一学級の定員は2021（令和3）年の法律改正で35名までとされています。36名を超えてはいけません。同年より段階的に導入が進んでいます。

　定員数が重要なのは、在籍する子どもの数を定員の決まりに従って学級に分けた結果、その学校に必要な学級数が確定し、自治体が学級数に応じた教員を配置することになっているからです。学校が勝手に「うちは10名で1クラスだから教員を増やして」といっても、それは法に則っていないので認められません。少し長い名称ですが、学級定員等の決まりごとは「公立義務教育諸学校の学級編制及び教職員定数の標準に関する法律」に詳しく書かれています。

　しかし、特別支援学校や特別支援学級はこの法律で学級定員が低く抑えられています。同法では特別支援学校の場合、幼稚部で7名、小学部と中学部で6名、高等部で8名となっています。障害を2つ以上併せ持つ子どもなどが対象の重度重複障害学級では3名で1学級となっています。また小中学校の特別支援学級は1学級8名です。障害や病気があると他の子どもに比べて指導する内容が多くなり、一人一人に異なった指導をする場合もあることから、少人数で

の編制が主となっています。

　そのほか、就学奨励費といって特別支援学校や特別支援学級を利用している子どもには給食費や学用品費、また宿泊行事などの際の費用を国や自治体が支給する制度もあります。「特別支援学校への就学奨励に関する法律」で規定されています。このように特別支援教育には通常の教育とは異なるさまざまな特例が認められています。まさに「特別な教育」です。

2．障害がある子どもが利用する福祉施設

　児童福祉法が対象とする児童とは18歳未満の国民のことをいいます。その第1条に児童福祉の目的が記されています。「全て児童は（中略）適切に養育されること、その生活を保障されること、愛され、保護されること、その心身の健やかな成長及び発達並びにその自立が図られることその他の福祉を等しく保障される権利を有する」。子どもは大事に大事に育まれなければならないということです。

　そしてその第2条では児童を守り育てるために大人がやらなければいけないことが示されています。「全て国民は、児童が良好な環境において生まれ、かつ、社会のあらゆる分野において、児童の年齢及び発達の程度に応じて、その意見が尊重され、その最善の利益が優先して考慮され、心身ともに健やかに育成されるよう努めなければならない」。児童の福祉を推進するために大人が行動しなければならないということです。

　児童福祉法は障害の有無にかかわらず適用されるものですが、なかに障害児についての定義があります。「この法律で、障害児とは、身体に障害のある児童、知的障害のある児童、精神に障害のある児童（中略）（発達障害児を含む）又は治療方法が確立していない疾病その他の特殊の疾病であつて（中略）障害の程度が同項の厚生労働大臣が定める程度である児童をいう」（第4条2）。

　また児童福祉法が根拠となっている障害児施設が紹介されています。就学前の子どもが通う児童発達支援センター、主に重度の障害がある子どもが通う医療型児童発達支援センター、放課後等デイサービスなどの障害児通所施設と障

害児入所施設などです。障害児のための施設ではなくても障害児が通う学童保育（放課後児童クラブ）などがあります。ここではそれら施設の代表的なものを紹介します。

（1）障害児入所施設

障害児入所施設には医療型と福祉型の２種類があります。以前は視覚障害や聴覚障害、自閉症、肢体不自由、重症心身障害など障害種に分けられた施設があったのですが、今は２つに集約されました。医療型とは医療の必要な障害が重い子どもが利用することが多く、独立行政法人である国立病院機構が運営する病院内に設置されるなど、医療機関に併設されていたり、施設内に医療機関を併設していたりするタイプが多くなっています。

福祉型は医療型と異なり、最近では虐待を受けたり障害があることにより保護者から遺棄されたりして入所する子どもが増えています。行動障害があったり障害が重度であったりして保護者が育児しきれないというケースもあります。したがって福祉型の目的は虐待等からの子どもの保護、日常生活の指導及び自立に必要な知識や技能の付与となっています。

このような施設から地域の特別支援学校や特別支援学級、通常の学級に通う子どもがいます。親権（保護者になる権利）が施設長にある場合は、施設長の指示を受けた担当職員と教員が保護者面談などをします。運動会や文化祭などの学校行事にも施設職員が参加します。学校は施設と連携しながら子どもの支援を進めます。

（2）児童発達支援センター

主に就学前の障害がある子どもが通います。目的は「日常生活における基本的な動作の指導、知識技能の付与、集団生活への適応訓練その他の便宜を提供する」となっています。地域によっては親子通園が原則となっていることもありますが、学校に入る練習の一環として、あるいは親子分離を進めるために、子ども１人で利用させることもあります。地域によってはマザーズホームなど

という略称を使うところもあります。

　保育所や幼稚園と併用して利用するケースもあります。「障害のない子どもとも関わりを持たせたい」と考えている保護者もいますので、たとえば週に4日は児童発達支援センターを、週に1日は親子で地域の幼稚園を利用するというようなケースがあります。主に知的障害と肢体不自由の子どもが対象となります。職員には保育士または児童指導員の任用資格が求められます。

（3）放課後等デイサービス

　放課後等デイサービス事業は2012（平成24）年に開始されました。その目的は「支援を必要とする障害のある子どもに対して、学校や家庭とは異なる時間、空間、人、体験等を通じて、個々の子どもの状況に応じた発達支援を行うことにより、子どもの最善の利益の保障と健全な育成を図る」とされています。学校の放課後や土曜、休日、夏休みなどの長期休業期間に障害がある子どもを預かり、その目的にしたがって療育を行う場所です。利用しているのは特別支援学校や特別支援学級、また通常の学級の障害がある子どもたちです。小学1年生から高校3年生までが対象であり、普通高校から通う子どももいます。障害種に規定はなく、障害者手帳（療育、精神障害者保健福祉手帳を含む）を有していたり、障害の診断名が出している子どもなどが対象です。

　特別支援学校等では学習指導要領で、一人一人の子どもに応じた個別の教育支援計画という資料を作成することが義務づけられていますが、その中に子どもが学校以外に利用している福祉施設を記入することがよくあり、放課後等デイサービスでの生活の様子などを教員がその職員から聞き取って記入しています。それ以外にも特別支援学校等とのつながりは強固で、定期的に教員と職員が情報交換をしたり情報共有したりするなど、しっかり連携していることが多いようです。ただ、通常の学校に通う子どもが放課後等デイサービスを利用する場合に、学校教員の理解が進んでいないところでは子どもに関する連携がうまく取れていないところもあります。そのため、文科省は2018（平成30）年8月に、学校は放課後等デイサービスなどの関係機関との連携を義務づける通知

を出し、学教法施行規則を改正しました。

（4）学童保育（放課後児童クラブ）

小学生が放課後や土曜、休日、夏休みなどの長期休業期間に利用します。法的には放課後児童クラブという名称ですが、社会では通称で学童保育と呼ばれることが多いようです。その目的は「保護者が労働等により昼間家庭にいない小学校等に通う子どもたちに、遊びや生活の場を提供し、その健全な育成を図る」こととされています。学童保育は小学校の学区ごとに設置されていることが多く、特別支援学級や通常の学級にいる障害がある子どもが利用するケースが増えています。またとくに障害があるとはされていないものの、行動上の課題があるグレーゾーンの子どもの利用もあります。

学童保育は学校や放課後等デイサービスと異なり職員数が少なく（自治体により異なります）、障害がある子どもだけに手をかけることが難しく、その結果さまざまな課題が発生しているようです。とくに発達障害がある子どもは、学校や家庭でのストレスを発散しようとして暴れまわるようなことも多く、学校の教員のように専門的な研修機会などが少ない指導員の困り感が強くなっています。文科省が定めた放課後子どもプランや厚生労働省（以下「厚労省」と略）が定めた放課後児童クラブガイドラインでは学校と学童保育は子どもに関する情報を共有し、連携して子どもの成長を支えることとされています。学校と学童保育職員が合同で研修をしたり、子どもについて意見交換をする場ができると効果的です。

3. 障害がある子どもに関係する法律

（1）障害を理由とする差別の解消の推進に関する法律（障害者差別解消法）

この法律は、障害者基本法（以下、「障基法」と略す）の基本的な理念にのっとり、2013（平成25）年に制定され、2016（平成28）年に施行されました。その目的は第1条で次のように示されています。

「全ての障害者が、障害者でない者と等しく、基本的人権を享有する個人と

してその尊厳が重んぜられ、その尊厳にふさわしい生活を保障される権利を有することを踏まえ、障害を理由とする差別の解消の推進に関する基本的な事項、行政機関等及び事業者における障害を理由とする差別を解消する」

　障害がある人が社会参加する際に、障害がない人と同等の権利が守られるために、行政機関や事業者は差別解消のために動きなさいとする趣旨です。ここでいう行政機関には公立の保育所や幼稚園、学校が含まれます。これらの場所では障害がある子どもが困らないようにするために合理的配慮を行わなければなりません。また2021（令和3）年の法改正では民間企業にも提供が義務づけられました。

　合理的配慮については後段で説明しますが、障害がある子どもが園や学校を利用する際に、障害があるから何かができません、やらせません、参加させませんということは、もう言ってはいけない時代になりました。この法律に罰則規定は今のところありません。法律には何が差別で何が差別でないのか、といった例は示されていませんが、内閣府からは具体的な差別事例に関するパンフレットが出されています。障害がある子どもや保護者が通常の学級で学ぶことを希望した時、学校はその子どもが障害があることにより勉強がわからない、授業に参加できないということのないように配慮しなければなりません。

（2）障害者虐待の防止、障害者の養護者に対する支援等に関する法律
（障害者虐待防止法）

　障害者の権利利益の擁護に資することを目的として、2011（平成23）年に制定され、2012（平成24）年に施行されました。目的の具体的な内容は第1条で「障害者に対する虐待の禁止、障害者虐待の予防及び早期発見その他の障害者虐待の防止」と謳われています。また、「障害者虐待」とは第2条で以下のように定義されています。

　　一　養護者がその養護する障害者について行う次に掲げる行為
　　　イ　障害者の身体に外傷が生じ、若しくは生じるおそれのある暴行を加

え、又は正当な理由なく障害者の身体を拘束すること。

ロ　障害者にわいせつな行為をすること又は障害者をしてわいせつな行為をさせること。

ハ　障害者に対する著しい暴言又は著しく拒絶的な対応その他の障害者に著しい心理的外傷を与える言動を行うこと。

ニ　障害者を衰弱させるような著しい減食又は長時間の放置、養護者以外の同居人によるイからハまでに掲げる行為と同様の行為の放置等養護を著しく怠ること。

二　養護者又は障害者の親族が当該障害者の財産を不当に処分することその他当該障害者から不当に財産上の利益を得ること。

　暴力を振るったりわいせつな行為をしたり、また暴言やネグレクト（放任）、そして財産の横取りなどです。財産の横取りとは、国から障害年金を支給されている当事者の年金を保護者や入所施設関係者が勝手に使ってしまうなどを意味します。この法律そのものにも罰則規定はありませんが、保護者や施設関係者が暴力を振るったり食事を出さずに衰弱させてしまったりすれば、それは刑事事件になる可能性があります。園や学校内での出来事はこの法律の管轄外という解釈がされていますが、今後どう改正されていくのかはわかりません。学校で障害がある子どもに暴言を吐いたり給食を抜いたりすれば、それは明らかな人権侵害ですし、暴力を振るうなどすれば、学教法第11条で禁じられている体罰に当たります。刑事事件になるかどうかは程度にもよると思いますが、コンプライアンス（法令順守）が重視されている公務員の世界では、まず懲戒処分の対象になるのは間違いないと思います。

4.　家族（保護者・きょうだい）支援

　高齢者や障害者を介護している家族への物理的、心理的支援をレスパイトケア（介護者の休息）と呼ぶことがあります。ここまで述べてきた放課後等デイサービスや児童発達支援センターの取り組みは、障害がある子どもの家族にゆ

とりを与えるためにも重要です。もちろん子どもの療育や社会教育のために機能していますが、家族支援の役割も兼ねています。

　障害や病気がある子どもの家族はさまざまな形で悩むことが多くなっています。子どもの障害や病気に対しての悩みも重大ですが、それに伴い仕事をやめさせられた母親、兄や姉、弟や妹に障害があることが原因で学校でいじめられるそのきょうだい（障害がある子どもの兄弟姉妹を総称して「きょうだい」と表記することがありますので本書でもそれに従います）、それらの家族を支え、必死にまとめ続ける父親がいます。中には身内である祖父母から「なぜあのような子を産んだ」と責められる例も少なくありません。

　社会的なバリアフリー化が進み、以前に比べればたしかに障害への理解も広がってはいますが、いまだに障害や病気がある子どもへの偏見は根強く、その家族も苦労を強いられています。園や学校の教職員は、障害がある子どもの家族を支えることも重要な役割の1つであると考えます。

　とくに保育所や幼稚園の保護者はまだ年齢が若いことが多く、また子どもが小さいため障害がない子どもとの差異が目立たない場合もあり、医師や教職員からそのような指摘があっても受け止めきれないケースがあります。そんな時は障害への理解を無理強いすることなく、保護者が十分に理解できるようになるまで見守ったり情報提供したりして、さりげなく支え続けることが重要です。

　子どもは「大人の中で誰が一番好き？」と聞けば、ほぼ100%が「お父さん」「お母さん」と答えるでしょう。そして教職員のいうことより両親のいうことを信じるでしょう。いくら専門性の高い園や学校で「これは必要だよ」と教えたことでも、家庭で否定されれば子どもは逆に教職員を信じなくなっていくかもしれません。

　障害がある子どもを育むためには保護者との連携は不可欠であり、保護者と共に学び、支えていくことが教職員にはもっとも重要なことだと思います。

Chapter 2

特別支援教育の対象となる幼児児童生徒

1 障害とは

　日本の社会では今、「障害」を「障がい」と表記することが多くなっています。「害」の文字がネガティブな印象を与える、という理由からですが、本書では法律や公の文書（学習指導要領など）を取り扱っていく関係から、そこで主に使用されている「障害」の表記を優先します。あらかじめ了解しておいてください。

　さて、一般の社会では障害がある人についてどのような印象を持たれているでしょう。特別支援教育を学び始めたばかりの学生に問うと、やはりネガティブな理解が多いことに気づかされます。しかし、しばらく授業を続けていくと徐々に考え方が変わり、むしろ社会の側に障害を生み出してしまう要因がさまざまに隠されていることに気づきます。

　日本では障害を「継続的に日常生活又は社会生活に相当な制限を受ける状態」（障基法）と定義しています。そしてそれは本人の身体状況から生じるものもあれば、社会的障壁による場合もあると説明しています。たとえば交通事故で身体活動そのものが制限を受けてしまうことを「障害がある」といい、そのような人が車いすで街へ出る際に段差が多く（社会的障壁）行きたいところへ行けないという状況も「障害がある」と表現します。

　しかし世界的な流れを見ると、さまざまな障害や病気などを「生活機能」

（日常生活や社会生活の中で必要な身体の基本的な動作）の観点からその状態を測る尺度として定義し、介護現場などで活用されている ICF では、「障害」を「〜ができない」といったマイナス面だけで判断しない解釈が適用されています。たとえば歩行が困難という身体的な事情を抱えていても、完全にバリアフリーな街であれば好きな場所へ1人で車いすで出かけられます。それは障害ではない、つまり環境だとか人だとか制度や偏見などの壁がなくなれば少なくとも社会参加において障害と呼ぶべき状況はなくなり、その人をマイナス面ではなくプラス面で評価できるようになります。

　日本ではいまだに障害について本人や家族の責任が語られることが多く見受けられます。これから説明する発達障害についてもまだまだ「がんばれば何とかなる」「努力が足りない」など根性論で対応する人を見かけますが、それは違います。障害がある本人の学びや労働、生活に関わる周囲の環境を整え、専門的な視点から支援策を講じ、学びについても本人に応じた特別な方法を考えていく必要があり、そうすることによって本人が障害を改善・克服することに寄与できるのです。

　障害について周囲の者が自らの責任を放棄し、教育や支援をあきらめたり本人や家族に責任転嫁したりすることは誤りです。誰にでも限りない可能性が隠されています。何らかの身体的な事情があっても社会参加が可能な状況であれば学習や経験から能力を伸ばし、その人自身の「生活の質」（QOL = Quality of Life）を上げるだけでなく、新たな才能を開花させることもできます。障害があっても芸術やスポーツで素晴らしい能力を発揮する方や、法律や政治、医療、教育の現場などで活躍する方もたくさんいます。

　だからこそ特別支援教育がこれからの社会に、今以上に重要性を増していくでしょう。すべての人々が障害について基礎的な知識を持ち、理解し、正しい対応をすることにより、彼ら一人一人の人生を豊かにするサポートができるだけでなく、彼らの可能性が社会全体をより豊かにする礎になっていくかもしれません。

2 さまざまな障害・病気 (特別支援教育の対象)

　障基法では「身体障害、知的障害、精神障害（発達障害を含む）その他の心身の機能の障害（中略）がある者」を障害者というと示されています。厚労省では行政上、身体障害者、知的障害者（知的発達の遅れがある者）、精神障害者（何らかの精神疾患で生活規制がある者）の３つに分類しています。表 2-1 のようにおのおのに対応する障害者手帳が交付されます。

　身体障害者には身体の運動機能（歩行や移動など）障害者のほか視覚障害者（全盲や弱視など視機能に障害がある者）、聴覚障害者（難聴など聴覚に障害がある者）、内部障害者（病気などで生活規制が必要な者）なども含まれます。2011（平成 23）年には障基法が改正され精神障害者に発達障害者（発達に何らかの偏りがある者）が含まれました。

　第 1 章でも触れましたが、学校教育においては教基法や学教法において特別支援学校の就学対象（その学校に入ることができる対象）を視覚障害児、聴覚障害児、知的障害児、肢体不自由児（身体的な障害がある子ども）、病弱児（病気の子ども）と指定しています。

　文科省が 2021（令和 3）年に発行した子どもの就学先を決めたり学校教育上の配慮について考えたりする際の基礎資料「障害のある子供の教育支援の手引」（以下、「教育支援の手引」）では先の 5 障害のほかに言語障害、情緒障害、自閉症、学習障害、注意欠陥多動性障害に関する説明があります。自閉症、学習障害、注意欠陥多動性障害は発達障害者支援法でいう発達障害に分類されています。

表 2-1　障害者手帳が対象とする主な障害者 (厚生労働省ウェブサイトをもとに作成)

障害者手帳	主な対象
身体障害者手帳	視覚障害者、聴覚障害者、言語障害者、内臓疾患などの内部障害者、難病者など
療育手帳（知的障害者対象）	知的障害者（主に知能指数が 70 未満の者）
精神保健福祉手帳（精神障害者対象）	精神疾患、てんかん、発達障害

これらの障害がある子どもはその状態や特性、または本人・保護者の希望に応じて通常の学校（小中学校や高校など）の通常の学級、通常の学級に在籍しながら通う「通級による指導」教室（以下「通級指導教室」と略）、特別支援学級、特別支援学校のいずれを利用するか決めることになります。

　ここでは「教育支援の手引」に記述されている10の障害について同資料をもとに簡単に解説します。さらに詳細を学びたい場合は、同資料は2023年の現時点で文科省のウェブサイトに全文が掲載され、自由にダウンロードすることができますのでそれを活用してみてください。

　なお、この文中にも合理的配慮という用語が数多く登場しています。これについては後の章で詳しく説明しますが、簡単に説明すると「障害や病気などさまざまな課題を抱える子どもたちが学校教育や社会生活に参加する際、おのおのの課題がそれを邪魔して学業や生活に支障が生じないよう周囲が適切な工夫や配慮を行うこと」です。そのように理解しながら読み進めてください。

1．視覚障害

　視覚障害とは「視機能の永続的な低下により学習や生活に支障がある状態」です。学習面では 動作の模倣、文字の読み書き、事物の確認の困難等がある、生活では移動の困難、相手の表情等がわからないことからのコミュニケーションの困難等があります。

　視力が低い視力障害（両眼の矯正視力が0.3未満だと特別支援学校の就学対象）だけではなく、視野障害（物が見える範囲が狭い）、色覚障害（色の弁別が困難）、明順応障害（明るいところで物が見えづらい）、暗順応障害（暗いところで物が見えづらい）などさまざまな症状があります。

　このような子どもたちに対し、視覚障害を対象とした特別支援学校（盲学校）では点字を使った教科書や拡大教科書（教科用特定図書）を使って通常の学校と同じ内容を教科学習等で学びます。また、障害の程度に応じて「触覚や聴覚などを効果的に活用できるようにする指導」「白杖による1人歩きの技能を身に付けるための指導、視覚や視覚補助具を最大限に活用する指導」「日常生活

に必要な基本的行動様式を身に付けるための指導」「情報機器の活用技能を高めるための指導」などを自立活動の時間に行っています。体育の授業では、視覚障害者のために特別に工夫された「グランドソフトボール」や「サウンドテーブルテニス」等を取り入れたりしているところもあります。

写真1 大型キーボード
（特別支援教育総合研究所「教材ポータルサイト」）

「教育支援の手引」によれば、視覚障害の特別支援学校では教育を進める上で次のように特徴的な教材・教具を使用しています。

・各種の点字図書や録音図書
・凸線で描かれた地図などの触覚教材
・視覚障害者用各種計測器：上皿秤（ばかり）、方位磁石、時計等
・表面作図器：硬質ゴムを貼りつけた作図版の上に特殊な用紙をのせ、その上からボールペンなどで線や図を書くとその部分が凸線になるので、点字を使用して学ぶ子どもが手で触ってわかるように作図することができる教具
・点字器：各種点字盤、携帯用点字器、点字タイプライター等
・立体図形複写装置：図表や文字等を特別な樹脂で加工された用紙に、凸線でコピーすることができる装置
・3Dプリンタ：立体造形物を実体化、可視化するため、立体物を表すデータを基に樹脂などを加工して、立体造形物を作ることができる機器
・点字を常用する子供のためのICT機器：点字や通常の文字で入力し、点字、拡大文字を含む通常の文字、音声で出力できるように工夫されているパソコン、点字携帯情報端末等

通常の学校には弱視の子どもが通う特別支援学級、通級指導教室が設置されているところがあります。特別支援学校を含むそれぞれの利用対象を文科省は表2-2のように示しています。ちなみにここでいう拡大鏡とは「近くや遠くの文字や絵、図などを拡大して見るためのレンズ類」のことです。

表2-2 視覚障害教育の対象

特別支援学校（視覚障害）	両眼の視力がおおむね 0.3 未満のもの又は視力以外の視機能障害が高度のもののうち、拡大鏡等の使用によっても通常の文字、図形等の視覚による認識が不可能又は著しく困難な程度のもの
弱視特別支援学級	拡大鏡等の使用によっても通常の文字、図形等の視覚による認識が困難な程度のもの
通級による指導（弱視）	拡大鏡等の使用によっても通常の文字、図形等の視覚による認識が困難な程度の者で、通常の学級での学習におおむね参加でき、一部特別な指導を必要とするもの

※特別支援学校は学教法施行令第22条の3、特別支援学級・通級による指導は「平成25年10月4日付け25文科初第756号初等中等教育局長通知」による。以下の障害種も同様

弱視の子どもへは以下のような教材・教具が用意されていることがあります。

・各種の拡大教材
・拡大読書器：文字や絵などをテレビカメラでとらえ、テレビ映像として50倍程度まで自由に拡大して映し出す機器
・各種の弱視レンズ類：弱視の子どもが、近くや遠くの文字や絵、図などを拡大して見るためのレンズ類（遠用弱視レンズと近用弱視レンズに大別され、それぞれ形状や倍率の異なる各種のものがある）
・書見台：弱視の子どもが楽な姿勢で学習できるように本等を斜めに置けるようにした台
・拡大した文字を含む普通の文字を使って学ぶ子どものためのICT機器：拡大ソフトや音声ソフトにより、見やすい大きさに提示したり、音声で出力したりできるように工夫されているシステム

昨今では知的障害を伴わない場合は全盲の子どもも通常の学校に通うケースが増えています。ただ、通常の学級では上記のような教材・教具が不足し、状態に応じた教育がうまくで

写真2　マルチメディアデイジー教科書（PC で教科書の拡大が可能・読み上げ機能）（特別支援教育総合研究所「教材ポータルサイト」）

きない場合もあります。近隣の視覚障害特別支援学校や弱視特別支援学級などから協力を得て、教材・教具の貸し借りや指導法の研修などを進めることがあります。

　学校でしっかり学び、能力を伸ばした視覚障害者がパラリンピックで金メダルを獲得したり、音楽分野で華々しい活躍をしたりする姿が報じられています。本人の特性に応じた視覚障害教育が充実され、その能力を最大限に伸ばすことができた結果でしょう。

2. 聴覚障害

　聴覚障害とは「身の回りの音や話し言葉が聞こえにくかったり、ほとんど聞こえなかったりする状態」をいいます。音声が聞こえづらいと視覚障害同様、コミュニケーションに困難性が生じ、さまざまな学習をしていくことができません。したがって、聴覚障害がある子どもたちには「できるだけ早期から適切な対応を行い、音声言語をはじめその他多様なコミュニケーション手段を活用して、その可能性を最大限に伸ばすこと」が大切であると教育支援資料には書かれています。

　聴覚障害としてよく知られる難聴は軽度難聴、中等度難聴、高度難聴、最重度難聴に分けられます。学校の健康診断で誰もが体験したことがあるオージオ

メータという聴力レベル測定器を利用すると聞こえる音の範囲を測ることができ、たとえば「静かな車の中での会話」を聞き取ることができる60db（デシベル）の音を、補聴器等を使っても聞き取ることが難しい場合は特別支援学校（聾学校）の就学対象となります。

聴覚障害がある子どもが通う学校の対象は法律や制度で表2-3のようになっています。

表2-3　聴覚障害教育の対象

特別支援学校（聴覚障害）	両耳の聴力レベルがおおむね60デシベル以上のもののうち、補聴器等の使用によっても通常の話声を解することが不可能又は著しく困難な程度のもの
難聴特別支援学級	補聴器等の使用によっても通常の話声を解することが困難な程度のもの
通級による指導（難聴）	補聴器等の使用によっても通常の話声を解することが困難な程度の者で、通常の学級での学習におおむね参加でき、一部特別な指導を必要とするもの

写真3　筆談パッド

「教育支援の手引」や学習指導要領・自立活動編によれば、聴覚障害がある子どもには以下のような指導が重要であると示されています。

とくに聴覚障害がある子どもの場合、コミュニケーション手段の獲得がもっとも重要になります。手話は一般的に広く知られている聴覚障害者のコミュニケーション手段です。

そのほか、学校で教えるコミュニケーション手段としては、補聴器等による聴覚活用および読話（口の形、表情などから話を読み取る）などがあります。

通常の学級に在籍する聴覚障害の子どもも増えています。補聴器や人工内耳などコミュニケーション支援機器が充実し、またタブレットや筆談パッドなど

のICT機器が気軽に使用できるようになり、教員や友だちとのやり取り生かせています。

3. 知的障害

知的障害とは一般に同年齢の子どもと比べて「認知や言語などに関わる知的機能」が著しく劣り「他人との意思の交換、日常生活や社会生活、安全、仕事、余暇利用などについての適応能力」も不十分である状態をいいます。

物事を理解したり言葉のやり取りをしたりすることが苦手で、結果的にそれがさまざまな生活や社会参加、学業への適応を難しくします。

知的障害については視覚障害や聴覚障害のように数字で測定した値から学校を選ぶ基準はとくにありません。療育手帳の取得においては知能指数（通常実年齢で持ち合わせる能力を100とした場合の実質的な能力の割合をIQの値で示す）などが参考に用いられます。しかし、通う学校を決める際にIQの数値を参考にすることはなく、視覚障害や聴覚障害と異なり、表2-4のような抽象的な表現になっています。

通級による指導については、通常の学級に在籍している子どもが利用することが前提とされています。学習指導要領で特別な教育課程（発達段階に応じた指導）の対象となる知的障害の場合、通常の学級で共に教育を受けることはないという前提があるので、通級指導教室の利用対象とはされていません。しかし、昨今では知的障害がある子どもも通常の学級に在籍することが多くなっていますので、今後、新たな対応が求められそうです。

表2-4を見て、特別支援学校と特別支援学級が対象とする子どもの表現の違いに気がつきましたでしょうか。特別支援学校の場合「頻繁に援助を必要とする」と書かれていますが、特別支援学級だと「一部援助が必要」となっています。このことから「知的障害が重度の場合は特別支援学校」、「軽度の場合は特別支援学級」と考えられがちですが、現在では就学先を決める場合にもっとも尊重されるのは「保護者や本人の意見」となっていますので、必ずしも重度の子だから、軽度の子だからといった考え方は当てはまらなくなっています。

表 2-4　知的障害教育の対象

特別支援学校（知的障害）	・知的発達の遅滞があり、他人との意思疎通が困難で日常生活を営むのに頻繁に援助を必要とする程度のもの ・知的発達の遅滞の程度が前号に掲げる程度に達しないもののうち、社会生活への適応が著しく困難なもの
特別支援学級（知的障害）	知的発達の遅滞があり、他人との意思疎通に軽度の困難があり日常生活を営むのに一部援助が必要で、社会生活への適応が困難である程度のもの

　知的障害児教育でもっとも重要な目的は「その可能性を最大限に伸ばす」ことです。知的障害は一人一人まったく異なる発達段階、障害特性にあり、教育の目的も一人一人異なります。年齢は高校生段階であっても、民間企業への就職を目指し進路学習を受けている子どもから基本的な文字の読み書きを目標にしている子どもまでさまざまです。今、目の前にいる子どもの学力や能力をしっかり把握し、それを次の段階に伸ばしていく、そしてその子が持ちうる最大の可能性にできるだけ近づけていく。それが知的障害教育です。

　知的障害教育における教科指導では、同年齢でも発達段階が異なるため、教科書は専用のものを用い、学年や年齢別の目標ではなく発達段階別の目標や内容に沿って編集されています。特別支援学校（知的障害）小学部・中学部用の教科書としては、文科省著作による国語、算数・数学、音楽の教科書が作成されています。それら以外の各教科、および高等部の各教科については教科書は発行されていません。

　そこで、そのような教科書の使用が当てはまらない子どもたちには、学校教育法附則第9条の規定に基づき、他の適切な教科書（一般図書を含む）を使用することができるようになっています。場合によっては市販の絵本を教科書として使用することもあります。

　通常の学校にある特別支援学級でも特別支援学校の学習指導要領を参考にした教育課程に沿って指導に当たることが多いようです。新しく改訂された学習指導要領では特別支援学級でも充実した指導を進めることが求められていますので、今後は通常の学校でも知的障害がある子どもへの教育課程研究に力を入

れていくことになります。

　もう１つ忘れてはいけないのは、通常の学級にも知的障害があることを本人も周囲も気づいていない子どもたちがいることです。小学校や中学校でいくら勉強しても主要教科の成績が伸び悩むような場合は、単純に本人の努力不足や家庭教育力の不足などと捉えず、さまざまな背景要因を探ってみてください。

4. 肢体不自由

　肢体不自由とは「身体の動きに関する器官が、病気やけがで損なわれ、歩行や筆記などの日常生活動作が困難な状態」をいいますが、その範囲はかなり広くなっています。よく知られているところでは脳性まひや二分脊椎、あるいは病気や事故の後遺症などがありますが、「教育支援の手引」では学校教育において「学習上又は生活上どのような困難があるのか、それは補助的手段の活用によってどの程度軽減されるのか、といった観点から行うことが必要である」と強調しています。

　視覚障害や聴覚障害同様、知的障害がなければ通常の学校の通常の学級で教育を受けることが多く、登下校のルートや学校内のバリアフリー（物理的な環境の障壁を取り除く）化や授業を受ける際の合理的配慮が必須とされます。

　肢体不自由教育を受ける子どもが学ぶ学校が対象としている条件は表2-5の通りです。知的障害と同様に、抽象的な表現になっています。

表2-5　肢体不自由教育の対象

特別支援学校	・肢体不自由の状態が補装具によっても歩行、筆記等日常生活における基本的な動作が不可能又は困難な程度のもの ・肢体不自由の状態が前号に掲げる程度に達しないもののうち、常時の医学的観察指導を必要とする程度のもの
特別支援学級（肢体不自由）	補装具によっても歩行や筆記等日常生活における基本的な動作に軽度の困難がある程度のもの
通級による指導（肢体不自由）	肢体不自由の程度が、通常の学級での学習におおむね参加でき、一部特別な指導を必要とする程度のもの

ここでいう補装具とは歩行や移動を支える補助具、義手や義足、車いす、歩行器や歩行補助杖（クラッチ）、またコミュニケーション支援機器やその他の日常生活を支える器具全般を指します。

　肢体不自由の対象はとても幅広くなっています。たとえば先天性四肢欠損といって手指や足指などに障害を持って生まれてくる子どももいますし、脳性まひで体全体が思うように動かせない子どももいます。最近では医療的ケアといって学校で医療に近いケアを実施している子どももいます。ちなみに学校の教員が関与を認められている医療的ケアは「経管栄養（鼻腔に留置された管からの栄養注入）」「痰の吸引（口腔内、鼻腔内、咽頭より奥の気道や気管切開部から）」「導尿（尿道に挿入してあるカテーテルから尿を出す）」などです。2012（平成24）年より研修を受けた教員も一部実施できるようになりました。

　肢体不自由の場合、知的障害がなければ通常の学習指導要領を用いて教育を受けます。視覚障害や聴覚障害同様、その学びを支える教材・教具が充実してきています。寝た姿勢のままでも操作が可能なように入力装置を工夫したタブレットなどを使った学習も取り入れられています。

　肢体不自由の子どもはその身体の状況により障害の改善・克服をする目標が異なってきます。姿勢の保持もあれば車いすを利用した移動方法に関するものもありますし、リラクゼーションから筋肉の硬直を防ぐ目標もあります。また肢体不自由のため言語によるコミュニケーションがしづらい子どもは、言語指導や他のコミュニケーションの指導などを受けます。対象範囲が広いだけに、子ども一人一人に応じた目標が重要になります。

　通常の学校でもバリアフリー化されたところが増えています。スロープやエレベーターが設置され

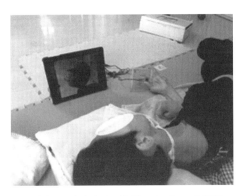

写真4　寝たままの姿勢でタブレット学習

た学校に、車いすや杖を使って登校する子どももいます。最近は通常の学校にも医療的ケアが必要な子どもが通うケースも出てきていて、今後、よりきめの細かい支援が通常の学校にも求められていくことになります。

5. 病弱・身体虚弱

　病弱とは「心身の病気のため弱っている状態」を表し、身体虚弱とは「病気ではないが身体が不調な状態が続く病気にかかりやすいといった状態」を表しています。ではその対象となる病気とは何でしょう。「教育支援の手引」には「（心身の病気のため弱っている）状態が継続して起こる、または繰り返し起こる場合に用いられており、たとえば風邪のように一時的な場合は該当しない」と書かれていますが、どんなに一時的な病気にせよ、それが学業や社会生活に影響を及ぼしているならば周囲の者は必要に応じた支援をしていくべきだと思います。

　一口に病気と言ってもその種類は多岐にわたるので、ここでは各々の病状等について詳しい説明は省きますが、学教法施行令第 22 条の 3 では病気の子どもを対象とする特別支援学校の就学基準を「慢性の呼吸器疾患、腎臓疾患及び神経疾患、悪性新生物その他の疾患の状態が継続して医療又は生活規制を必要とする程度のもの」と規定しています。

　呼吸器疾患とは小児喘息など、腎臓疾患とはネフローゼや糸球体腎炎、神経疾患とは筋ジストロフィーや脳性まひ、悪性新生物は小児がんを指します。「その他の疾患」として最近注目されているのが子どもの精神疾患（うつ病や摂食障害など）です。また病弱の特別支援学校には医療的な支援が必要な最重度の障害を持つ重症心身障害児（重度の知的障害と重度の肢体不自由を併せ持つ子ども）が数多く在籍しています。

　病気の子どもの就学先に関する目安は表 2-6 の通りです。

表2-6 病弱・身体虚弱教育の対象

特別支援学校（病弱）	・慢性の呼吸器疾患、腎臓疾患及び神経疾患、悪性新生物その他の疾患の状態が継続して医療又は生活規制を必要とする程度のもの ・身体虚弱の状態が継続して生活規制を必要とする程度のもの
特別支援学級（病弱・身体虚弱）	・慢性の呼吸器疾患その他疾患の状態が持続的又は間欠的に医療又は生活の管理を必要とする程度のもの ・身体虚弱の状態が持続的に生活の管理を必要とする程度のもの
通級による指導（病弱・身体虚弱）	病弱又は身体虚弱の程度が、通常の学級での学習におおむね参加でき、一部特別な指導を必要とする程度のもの

　病弱の特別支援学校はそのほとんどが病院内に設置されていたり病院に併設されていたりします。そのため病気が重くても専用の通路で通学したり、あるいは教員が病室へ出向いて指導する「床上指導（ベッドサイド指導）」なども可能になっています。また、学教法第81条の3では障害や病気が重い子どもに対しては、その子がいる病院、家庭、あるいは福祉施設へ教員が通って指導する「訪問教育」が認められています。ニーズがあれば特別支援学校や小中学校が訪問学級を設置して対応します。

　病弱や身体虚弱の子どもが利用する特別支援学級は2種類あります。通常の学校の校舎の中にあり、在宅治療を受けていたり身体虚弱だったりする子どもが通うものと、病院内に設置され入院中の子どもが通うもの（通称：院内学級）です。院内学級は学教法81条の3で設置が認められています。また、特別支援学校にも病院内に分校や分教室を設置しているところがあります。

　ただ、医療技術の進歩により病院に長期入院して治療を受ける子どもが減少し、病弱特別支援学校に在籍する児童生徒数は年々減っています。そのため全国では廃止されたり別の障害種の特別支援学校と統合されたりする（併置）ケースが多くなり、センター的機能を担当する学校がなくなってしまうなど病弱教育の縮小化が問題となっています。

同時に短期入院の子どもが増えたため、一時的に学籍（どの学校に在籍しているか）を移動して病弱特別支援学校や院内学級に転校するのが面倒となり、そのまま欠席扱いで過ごす子どもが増えています。そこで病弱の学校の教員が「サービス」で指導をすることがありますが、それが職務の負担を大きくしているという指摘もあります。文科省は学籍を移さずに、病院で治療しながら元いた学校（原籍校）とインターネットでつなぎ、ウェブカメラを使って授業に参加するなどの方向性を推進しています。

長期入院する子どもが減った影響で、逆に通常の学級で教育を受ける病気の子どもが増え、今はすべての教員に病弱教育に関する知識や理解が必要とされています。小児喘息、食物アレルギー、心臓病、腎臓病、糖尿病、精神疾患などさまざまな病気の子どもには、学校教育上の合理的配慮はもちろん必要ですが、それだけでは不十分です。自らの病気に関する知識や理解、症状が悪化した場合（発作が出た場合）への対処など病気への自己管理力を向上していく必要があります。

また、病気のために心理的に不安定だったり対人関係に不安を持っていたり、または学校を休むことが多くなって学習が遅れる心配などに対し、心理的安定を育む丁寧な対応が必要とされています。基本的には他障害と同様、知的障害を伴っていない場合は通常の学習指導要領に沿った教育を受けます。もし病気のために学習が遅れている場合は、その学習空白を埋めるための指導も必要になります。とくに入院中の子どもは体験的な学習が難しくなる場合があります。また友だちと離れて長期入院すると、集団の中での特別活動などに参加できず、社会性や人間関係力が低下してしまうこともあります。

それらを補うために ICT 機器

写真5　ウェブカメラを使った交流

を使った教育を始めている特別支援学校、院内学級が増えてきています。たとえば VR カメラを使えば友だちと共に特別活動に参加する体験を映像で体感できますし、3D プリンターを使えば病気があると接触が難しい昆虫などの生き物の模型を作って触ることもできます。それらは単に学習効果があるだけでなく、友だちと同じ学習をしているという安心感の向上にもつながるでしょう。

6. 言語障害

「教育支援の手引」には言語障害について「発音が不明瞭であったり、話し言葉のリズムがスムーズでなかったりするため、話し言葉によるコミュニケーションが円滑に進まない状況であること、また、そのため本人が引け目を感じるなど社会生活上不都合な状態であることをいう」と記述されています。しかし、身体的に他の障害や病気がなく「言葉だけに困難性がある」ことはまれです。そのほとんどが背景に発達障害や知的障害、聴覚障害、脳性まひなどの肢体不自由、または精神的な疾患などの要因があります。これらの要因があることにより「言葉が出づらい」「発音が不明瞭」などの症状が出ます。

たとえば構音障害（「さかな」を「たかな」、あるいは「たいこ」を「たいと」などのように一定の音をほぼ習慣的に誤って発音する状態）の場合、口蓋裂（口や唇に形成不全がある状態）のため発音時に呼気が鼻から漏れ正確な発音ができないなどの症状があります。

しかし吃音（話そうとする時、同じ音の繰り返しや、引き伸ばし、声が出ないなどいわゆる流暢さに欠ける話し方をする状態）のように機能的な要因が確認できないのに言語障害が生じることもあります。原因はまだわかっていませんが、その背景にはひょっとしたら目に見えづらい何らかの課題が隠れているかもしれません。ほかに脳が受けた外傷により言葉をうまく発することができなくなるなどのケースもあります。

日本の学校教育には言語指導の歴史があり「ことばの教室」という形で古くから各地に特別支援学級や通級指導教室が設置されていました。特別支援学校の対象に「言語障害」は入っていませんが、障害によって言語活動に困難性が

ある子どもはたくさんいます。

表 2-7　言語障害教育の対象

特別支援学級（言語障害）	口蓋裂、構音器官のまひ等器質的又は機能的な構音障害のある者、吃音等話し言葉におけるリズムの障害のある者、話す、聞く等言語機能の基礎的事項に発達の遅れがある者、その他これに準じる者（これらの障害が主として他の障害に起因するものでない者に限る）で、その程度が著しいもの
通級による指導（言語障害）	口蓋裂、構音器官のまひ等器質的又は機能的な構音障害のある者、吃音等話し言葉におけるリズムの障害のある者、話す、聞く等言語機能の基礎的事項に発達の遅れがある者、その他これに準じる者（これらの障害が主として他の障害に起因するものでない者に限る）で、通常の学級での学習におおむね参加でき、一部特別な指導を必要とする程度のもの

　表 2-7 のポイントは、言語障害教育の対象は「これらの障害が主として他の障害に起因するものでない者に限る」という部分です。発達障害があり言葉をうまく操れない、脳性まひがあり言葉を上手に発することができない、聴覚障害があるため言葉の獲得が難しいという場合は言語障害教育の対象ではなく、主となる障害を対象とする教育の中で学びなさい、ということです。

　ただ、現実的には発達障害等により言語が操れない子どもが「ことばの教室」に通うことはあります。本来は発達障害教育の中で対応するべきなのかもしれませんが、通常の学校で発達障害に対する専門的な教育が行われているところはまだ少なく、「ことばの教室」で学ぶのはやむを得ない事情といえるでしょう。

7．自閉症（自閉スペクトラム症：ASD）

　自閉症とは「他人との社会的関係の形成の困難さ」「言葉の発達の遅れ」「興味や関心が狭く特定のものにこだわること」を特徴とする発達の障害です。3歳までに発症する、と教育支援資料にはありますが、これらの情報については 2013 年にアメリカ精神医学会が発表し、日本の医療でも取り入れている診

断基準「DSM-5」で一部変更されています。名称も自閉スペクトラム症（以下「自閉症」に統一）と改称されていますが、ここでは「教育支援の手引」に基づいて説明していきます。

　自閉症と聞くと特別支援学校に通っている子どもを思い浮かべる人が多いかもしれませんが、知的障害がない自閉症児も多くなっています。自閉症児の知的障害の有無の割合は5割ずつくらいではないかとの説があります。つまり、通常の学校にも多くの自閉症児が通っているということです。

　知的障害がない自閉症を高機能自閉症、またはアスペルガー症候群（障害）等といい、なかにはきわめて高い知的能力を持つ子どももいて、その学力の高さから教員や保護者など周囲が障害の存在を見落としてしまうことがあります。しかし、学力は高くてもコミュニケーションや人間関係に困難性があるため、周囲とうまく付き合うことができずに悩みを深めている場合があります。やはり子どもの特性、課題に応じた特別な支援が必要です。

　自閉症児を対象とする学校の取り決めは、表2-8で紹介した自閉症・情緒障害の特別支援学級以外にはありません。自閉症はさまざまな障害に伴っている場合があります。視覚障害や聴覚障害、肢体不自由や知的障害、病気に伴って自閉症のある子どもたちがいるということです。したがっておのおのの学校、学級ごとに自閉症教育が行われる必要があります。

　自閉症教育で重要なのは日々の生活の中で人間関係（社会性）、コミュニケーション、適切な行動を取ることができる能力を育むことです。人間関係を育むのに必要なのは、人が集団の中で過ごすために必要なルールやマナー、慣習です。これを知らないと自分勝手といわれてしまったり「空気が読めない」などと揶揄されてしまうことがあります。コミュニケーションについては言葉だけでなく身振りや表情など、あるいは場の雰囲気などから相互の意思の疎通を潤滑にするための学びが必要です。自らの意思を伝えづらいためにパニックなどになってしまう子どもがいます。適切な行動とは、興味がある物事だけに集中せず場の流れに沿った行動ができたり怒りの表現を暴力に訴えなかったりすることです。

これらを学ぶためにソーシャルスキルトレーニング（人間関係づくりのための具体的な練習）などを授業に取り入れるところがあります。またコミュニケーション指導として言葉づかいの学習や言葉の出づらい子どもにはマカトン法と呼ばれる自閉症児用の身振り手振りのコミュニケーション法などを教えるところがあります。

　人間関係やコミュニケーションは学校生活、社会生活を送るにあたってもっとも基本的な能力になります。これを学ばなければ学校生活そのものに支障をきたし、二次的な障害として不登校になったり引きこもりになったりしてしまうことがあります。どのようなことよりも優先して教えていく必要があるでしょう。

8. 情緒障害

　しかし、これでは他の障害や病気の症状と重なる部分が多くなってしまいます。「教育支援の手引」ではもう少し限定的に選択性かん黙（特定の環境や人の前で言葉が出なくなる）や不登校、その他の状態（重症型のチックで薬物療法の効果がみられない事例など）が主な情緒障害であると書かれていますが、何らかの精神的な症状が背景にある不適応症状を情緒障害と呼ぶべきかと思います。

　選択性かん黙も吃音同様、確定的な背景はまだわかっていません。発達障害や知的障害、精神疾患が原因ではないか、との説もありますが不明です。学校ではその症状に応じた合理的配慮を考えなければなりません。

　しかし、先の言語障害と共に、吃音や選択性かん黙の子どもは通常の学級に籍を置き、必要に応じて通級指導教室を利用しているケースが多く、本人への配慮を考えると同時に通常の学級内の他の子どもたちへの理解を求める指導も重要になります。仲間はずれやいじめにつながらない道徳的な指導です。多様な子どもたちが互いに存在を認めあえる学級経営を進めていくことが重要です。情緒障害がある子どもが対象となる学級等は表2-8のとおりです。

表 2-8　情緒障害教育の対象

特別支援学級（自閉症・情緒障害）	・自閉症又はそれに類するもので、他人との意思疎通及び対人関係の形成が困難である程度のもの ・主として心理的な要因による選択性かん黙等があるもので、社会生活への適応が困難である程度のもの
通級による指導（情緒障害）	主として心理的な要因による選択性かん黙等があるもので、通常の学級で学習におおむね参加でき、一部特別な指導を必要とする程度のもの

　特別支援学級に関しては自閉症がある子どもと同じ学級で教育を受けるようになっていますが、通級指導では情緒障害のみが対象となっています。また言語障害同様、特別支援学校は情緒障害を対象としていません。

9. 学習障害（限局性学習症：LD）

　学習障害（以下「LD」と略）とは「学習に必要な基礎的な能力のうち、1つないし複数の特定の能力についてなかなか習得できなかったり、うまく発揮することができなかったりすることによって、学習上、さまざまな困難に直面している状態」をいいます。もっと具体的にいえば「全般的な知的発達に遅れはないが聞く、話す、読む、書く、計算する又は推論する能力のうち特定のものの習得と使用に著しい困難を示すさまざまな状態」です。その種類、バリエーションはいくつかあり、読めるが書きづらい、書けるが読みづらい、読み書きに課題はないが算数の計算ができないなどさまざまです。

　ちなみに自閉症の項目で紹介したDSM-5では今までよく知られてきた学習障害（Learning Disability = LD）ではなく限局性学習症（Specific Learning Disorder = SLD）として紹介されています。

　LDの子どもは知的障害がないことが診断の前提ですので、通常の学級に在籍しています。したがって利用できるのは表2-9のとおり通級指導のみとなっています。

表 2-9　学習障害教育の対象

通級による指導（学習障害）	全般的な知的発達に遅れはないが、聞く、話す、読む、書く、計算する又は推論する能力のうち特定のものの習得と使用に著しい困難を示すもので、一部特別な指導を必要とする程度のもの

　LD でもっとも懸念されるのは、他は年齢並みの能力があるのに「書く」などの一部の能力にだけ課題が生じると「やればできる」「やらないからできない」的な評価を受け、特別な支援のない通常の努力（漢字の書き取りを長時間にわたり強制するなど）を求め、いくら頑張ってもできない自分に子どもが無力感を感じ（学習性無力感）やる気を失ってしまうことです。これが不登校などの教育課題につながる場合があります。

　LD に限らず発達障害は先天的な脳の機能障害が原因であることは明らかになっています。通常の努力や頑張りで課題が解決されることはなく、そこには専門的な理解や支援、すなわち特別な支援が必要不可欠です。子どもの課題の要因をしっかり見極めることが重要です。

　1 つ気をつけなければならないのが、LD と視知覚障害の関係性です。視知覚障害とは視力に問題はないのですが物の見え方に課題があり、形を正しく認識しづらい状態をいいます。いずれも脳の機能障害によるものかと思いますが、視知覚障害による「読み」の困難性の場合、専門性のある眼科等でトレーニングをすると改善することがあります。「読み」につまずきがあると視覚的な情報入力が困難になり、その結果「書けない」「覚えられない」といった二次的な課題につながります。フロスティッグ視知覚発達検査という民間の検査方法で確認できる場合がありますので参考にしてください。

10. 注意欠陥・多動性障害（注意欠如・多動症：ADHD）

　注意欠陥多動性障害（以下「ADHD」と略）とは「身の回りの特定のものに意識を集中させる脳の働きである注意力に様々な問題があり、又は衝動的で落ち着きのない行動により、生活上、様々な困難に直面している状態」と説明されています。具体的には「幼少期より気が散りやすく、じっとしていることが

できない傾向がある。また、忘れ物や紛失物が多い。そのため、周囲の大人から行動を強く規制されたり、叱責を受けたりする場面が増える可能性が高い」とあります。

　物忘れが多かったり片づけが苦手だったりする不注意（注意欠陥）が優勢なタイプ、じっとしていられなかったり衝動的に行動してしまったりする多動性衝動性が優勢なタイプがありますが、もっとも多いのはどれも混在する混合タイプです。ただ、多動性については年齢が上がるにつれて治まる傾向がありますが、非移動性の多動（席から離れることはないがその場で手や足などを動かす多動）は残る場合もあります。

　英語の Attention Deficit Hyperactivity Disorder ＝ ADHD という表記はDSM-5 になっても変更はありませんでしたが、日本語訳はその機会に注意欠如・多動症とされました。

　LD と同様に、周囲から「落ち着きがない」「真面目じゃない」「自分勝手」などと誤解されることが多くあります。それが誤解につながり大人から叱責を受けたり友だちから疎外されたりしてしまいます。しかしそれらも脳の機能障害による症状の１つであり、自らコントロールすることは困難です。特別支援教育ではその課題にアプローチしながら、さらに学習が定着するような合理的配慮を検討していくことが肝心です。

　ADHD の子どもは基本的には通常の学級に在籍していますので、利用できるのは表 2-10 のとおり、通級指導教室のみとなっています。自閉症や LD、ADHD などの発達障害の子どもを通常の学級で指導していく場合についてまとめて触れておきます。

　発達障害は入出力の障害といわれます。感覚障害があるため入力（インプット）がうまくできない、だから学習が定着しない、そのために文字を書く、言

表 2-10　ADHD 教育の対象

通級による指導（ADHD）	年齢又は発達に不釣合いな注意力、又は衝動性・多動性が認められ、社会的な活動や学業の機能に支障をきたすもので、一部特別な指導を必要とする程度のもの

葉を話すといった出力（アウトプット）に課題が残ってしまいます。子どもが学んだことをしっかり入力していくためには合理的配慮がなくてはなりません。パソコンやスマートフォンも、ソフトやアプリがインストールされていなければ非常に使いづらいですが、人も同じで、社会生活に必要な知識や技術が入力されていないと自立や社会参加はとても難しくなります。

　また発達障害がある子どもの入力方法は千差万別です。耳からの情報入力が有効な子どももいれば目からの入力が有効な子どももいます。通常の学級で今までと同様の教科書と板書で指導するような通常の指導方法では入力が難しい子どもには、一人一人異なるその子なりの合理的配慮を工夫していく必要があります。

　自閉症の場合、興味の幅が狭く、そこにこだわりを持つ場合があります。たとえば電車が大好きで、写真を見れば車両の種類をすべて的確に当てることができる子どもがいますが、それが日常の生活に役立つか、といわれれば難しいと思います。しかし、このような子どもに活動を急がせる時に「急ぎなさい」と伝えるのでなく「新幹線の速さで取りかかってください」と指示したり、体育でゆっくり行進する練習をする時には「隣の友だちと並んで各駅停車の速さで歩きましょう」といえばわかりやすく入力されるかもしれません。

　また ADHD の場合、マンガやアニメーションが好きな子どもには、歴史に関するマンガなどの一部分を紹介しながら社会科の授業を進めたり、アニメーションを見ながら主人公の心の変化を考えさせたりすれば国語の授業に応用できるかもしれません。

　もちろん通常の学級での学習指導に合理的配慮を用いる場合、学習指導要領から外れるような指導を行うことはできませんが、学習指導要領の内容を学ぶためにさまざまな方法やアイテムを活用していくことには何の問題もありません。

　あの子にどうすればこの内容を教えることができるか。それを考えることは教員のやりがいであり楽しみでもあります。ぜひ頭を柔軟にして、いろいろと工夫をしてみてください。合理的配慮の詳細については後段で触れます。

3　障害のある子どもを支援するということ

　知的障害や発達障害は視覚・聴覚障害や肢体不自由と異なり「目に見えづらい」「わかりづらい」障害です。そのため周囲の「気づき」が遅くなり、本人の責任ではないのに努力不足を責められ、心が傷ついてしまい二次障害として不登校や非行につながる可能性が指摘されています。あるいはADHDの場合、反抗挑戦性障害や行為障害といった、トラブルを介して人と関わろうとする精神的な疾患につながることも多い、と言われています。

　しかし、確かに障害がある子どもたちは得意、不得意の差が大きいことがありますが、特別な支援で不得意な部分を改善・克服し、得意なところを伸ばす教育を受ければ、社会の「宝」になる可能性もあります。前述したように視覚障害や聴覚障害がある優れた音楽家がいれば、知的障害や自閉症がある画家、発達障害があるタレントなどが過去にも現在にも社会で活躍しています。課題ばかりに目を向けるのでなく、ぜひ「良いところ」を見つけそこを伸ばすような方法も考えてみてください。

　学校の教員だけでなくすべての教育者、支援者、そして保護者も含め、障害に関する基礎的な知識を持ち、困っている子どもがいたら多面的な視点からその根本要因を探ることができれば、逆に社会で活躍する人々が増えるかもしれません。ぜひこの機会に障害について理解を深めてみてください。

教育課程と学習指導要領

1　教育課程とは

　教育課程とは何でしょう。中教審の資料では「学校教育の目的や目標を達成するために、教育の内容を子供の心身の発達に応じ、授業時数との関連において総合的に組織した学校の教育計画」と説明されています。「学校で子どもの教育のために行われるすべての活動の計画」ということです。たとえば小学校4年生の子どもに1年間かけて国語をどう教えていくのか、算数をどう教えていくのか、また運動会をいつどのようにしてやるのか、6年生の修学旅行は何を目的にし、いつ、どこへ行くのかなど、学習から学校行事、また生徒指導や進路指導などすべてが含まれます。これを総称して教育課程と呼びます。

　教育課程は年ごとに、その学校の特性（地域や子どもの現状など）を踏まえ、校長が決めますが、決定までには学校の教職員がその策定に参加し、役割を分担して組み立てていきます。教科の指導計画は学級担任や教科担当が検討し取りまとめ、学年や学校の行事は関係者全員で話し合い、生徒指導や進路指導は生徒指導部会などの担当者がまとめます。それらすべてを1つにまとめて、最終的に校長が決定します。校長は教職員が役割を分担して話し合う前に、その年の学校の重点教育目標、重点課題などを示します。たとえば生徒指導上の課題（いじめや非行など）が目立つ学校なら「特別の教科・道徳」の時間を中心に「豊かな心」を育むことに力を入れ、各教科指導でも規律正しい学習を心が

け、地域と連携しながら教育力を向上しようとする方向性を説明し、その意思を受けた教職員が役割にしたがって教育課程を編成していきます。

2 学習指導要領とは

1. 学習指導要領の内容

　日本には教育課程を編成する基準となる学習指導要領があります。日本の学校（国公立、私立問わず）はすべて学習指導要領にしたがって教育課程を編成します。学教法施行規則第52条では次のように書かれています。「小学校の教育課程については（中略）教育課程の基準として文部科学大臣が別に公示する小学校学習指導要領によるものとする」。これは中学校や高校にも適用されます。つまり日本の学校では校長が教育課程を編成する際、その内容は必ず学習指導要領に沿うものとし、さらに地域や子どもの特性を考慮しながら創意工夫をして編成していくことになります。

　では学習指導要領には何がどのように示されているのでしょう。学校で指導することが決まっている各教科（特別の教科・道徳を含む）、領域（特別活動）、総合的な学習の時間、外国語活動について何年生ならこれを教えなさい、というように子どもの発達段階（子どもの心や体の発達の程度。例：小学校5年生なら5年生なりの平均的な身体的、知的発達段階）に応じた指導内容が示されています。小学校1年生で足し算を学んでいない子どもは2年生で学ぶ掛け算が理解できないでしょうし、掛け算がわからなければ3年生で学ぶ割り算はちんぷんかんぷんでしょう。このように学習には順序があり、発達段階に応じ丁寧に教育の順序を示す必要があるため、一定の基準として学習指導要領が作成されています。

　その学習指導要領も、時代の変化に応じて作り直し続けなければなりません。現代ではおおむね10年ごとに改訂されています。ただ、時代に大きな変化（大災害などの歴史的な出来事）が生じた場合は一部改訂という形で数年ごとにマイナーチェンジを行うこともあります。

直近では 2017（平成 29）年から学習指導要領が改訂されていますが、10 年前と 2017 年では何がどのように変わっているでしょう。スマートフォンなど携帯端末が普及し、社会の IT（Information Technology：情報技術）化が進みました。学校では ICT（Information and Communication Technology：情報通信技術）教育が推進され始めています。その反面、SNS を使ったいじめや個人情報の漏洩など、子どもが社会をよく理解しないまま社会問題、教育問題に関与してしまう事件も報告されています。

　また 2011（平成 23）年には東日本大震災が発生し、その後の日本全体の社会の在り方が大きく変化しています。そして 2020（令和 2）年からは COVID-19 の世界的な流行がありました。このように社会は連続的に変化し続けているため、学習指導要領に示す内容も常に見直していかなければなりません。災害時にはどうしたらよいのか、IT 時代を生きるにはどのような力が必要になるのか、そこを明らかにして学校の教育課程ではここをこのように教えるよう工夫してください、と示すのが学習指導要領です。

2. 特別支援教育の学習指導要領

（1）特別支援学校の学習指導要領

　学習指導要領には小学校、中学校、高校、特別支援学校の 5 種類があります。そしておのおのに総則といって全体的な方向性を示すものがあり、さらに教科や領域などに応じたものが別冊で用意されています。特別支援学校には加えて自立活動という領域があり、その指導要領もあります。

　特別支援学校の障害種は 5 種類です。それぞれの障害種に応じた指導内容の配慮事項等が学習指導要領にはありますが、基本的に知的障害がなければどのような障害があっても学年相応の教育を受けることになっています。それが「準ずる教育」です。

　では知的障害教育はどうなっているのでしょう。文科省のウェブサイト「特別支援教育について」では、「知的障害者を教育する特別支援学校については、知的障害の特徴や学習上の特性などを踏まえた独自の教科及びその目標や内容

が示されています」と説明しています。

特別支援学校の学習指導要領にも同様の解説があります。知的障害がある場合は学年で指導内容を決めず、発達段階別に小学部（特別支援学校に通う小学生が在籍する部）では3段階、中学部（同じく中学生が在籍する部）では2段階の指導目標や内容が設定されています。

なお、知的障害がなくても視覚障害や聴覚障害などが影響し、学習が遅れてしまっている場合は小学校4年生でも3年生の内容を授業で扱ってよいなどの特例があります、これを一般的に下学年対応（下の学年の学習内容で対応すること）と呼んでいます。

（2）通常の学校における特別支援教育の学習指導要領

では通常の小学校や中学校などにいる障害がある子どもには学習指導要領に沿ってどのような教育が実施されているのでしょう。これも特別支援学校同様、知的障害や学習の遅れがなければ、学年に応じた学習指導要領を使った教育課程の中で学習します。

ここで特別支援学級と通級指導教室の違いについて改めて説明します。特別支援学級は小学校や中学校、高校に設置してもよいとされている学級です。ちなみに学級とは発達段階や指導目的を同じくする同質の子どもたちの集団をいいます。学教法第81条2項には特別支援学級について次のように説明しています。

　　「小学校、中学校、高等学校及び中等教育学校には（中略）特別支援学級
　　を置くことができる」

「置くことができる」と書かれているのは「置かなくてもよい」という意味です。実際に特別支援学級がない学校もありますが、最近ではインクルーシブ教育を推進するための拠点として学校内の特別支援学級が重視されていて、さまざまな教育委員会が域内の全校に特別支援学級を設置する取り組みを進めて

います。

通級指導教室は学教法施行規則第 140 条で次のように規定されています。

「小学校若しくは中学校又は中等教育学校の前期課程において、(中略) 当該障害に応じた特別の指導を行う必要があるものを教育する場合には (中略) 特別の教育課程によることができる」

通常の学級に在籍する障害がある子どもが、その障害種に応じて別に学ぶ必要がある場合、通常の学級の授業を抜けて、あるいは授業がない時間帯に通級指導教室に行き学習するシステムです。2006（平成18）年からは LD や ADHD などの発達障害がある子どもも対象となりました。障害によって月に 1 時間から週に 8 時間まで、通級指導教室を利用してよいことになっています。通常の学級で学んではいるものの、障害によっては一部の授業についていけなかったりさらに多く学んだりしなければならない内容があります。それを補う特別な指導を行う場所です。

では特別支援学級や通級指導教室の教育課程はどのように編成されるのでしょう。文科省のウェブサイトでは次のように示されています。

「特別支援学級は、基本的には、小学校・中学校の学習指導要領に沿って教育が行われますが、子どもの実態に応じて、特別支援学校の学習指導要領を参考として特別の教育課程も編成できるようになっています」
「通級による指導は、障害の状態に応じた特別の指導（自立活動の指導等）を特別の指導の場（通級指導教室）で行うことから、通常の学級の教育課程に加え、又はその一部に替えた特別の教育課程を編成することができるようになっています」

特別支援学級では、たとえば知的障害がある子どもの場合には知的障害教育を行う特別支援学校の教育課程を参考にして、何をどう教えるかに関する特別

の教育課程を編成してよいことになっています。通級指導教室は本来、通常の学級に在籍する子どものための指導の場なので、通常の学級の教育課程に加えて、自立活動の指導などの特別の教育課程を編成してもよいとなっています。

　障害がある子どもたちには、障害種に応じた特別の教育課程（教育活動全体の計画）を編成し、障害の改善・克服を目指すための教育をしっかり行わなければならないことが理解できます。

（3）幼稚園教育要領、幼保連携型認定こども園教育・保育要領、保育所保育指針

　幼稚園には学校の学習指導要領と同様に幼稚園教育要領があります。同じくおおむね 10 年ごとに改訂されています。最近では 2017（平成 29）年に改訂されました。同様に保育所には厚労省が告示する保育所保育指針というものがありますが、これは 1965（昭和 40）年に定められて以降 4 回の改訂が行われ、直近では 2017（平成 29）年に改訂されています。

　認定こども園とは 2006（平成 18）年から始まった新しい制度で、子育て支援に対して総合的に対応する施設であり、簡単にいえば保育所と幼稚園の機能を併せ持っているものをいいます。その認定こども園に対して幼保連携型認定こども園教育・保育要領が定められています。

　この 3 園には小中学校のような特別支援学級などの取り決めはなく、基本的にはすべての子どもが共に保育・教育されています。園によっては障害がある子どもに付き添う職員がいたり、ケースバイケースで別室で対応したりすることもありますが、インクルーシブが前提になっています。以前は、障害を理由に保育所や幼稚園に入れてもらえないというようなこともありましたが、障害者差別解消法が設置されて以降は、可能な限りすべての子どもを受け入れていこうとする方向性になってきています。

　それぞれの要領・指針の中では、学習指導要領同様、障害があるなど特別な配慮を要する子どもに対し留意する内容が示されています。幼稚園等に対しては小中学校と同様の内容になっていますが、保育所保育指針では次のようになっています。

「障害のある子どもの保育については、一人一人の子どもの発達過程や障害の状態を把握し、適切な環境の下で、障害のある子どもが他の子どもとの生活を通して共に成長できるよう、指導計画の中に位置づけること。また、子どもの状況に応じた保育を実施する観点から、家庭や関係機関と連携した支援のための計画を個別に作成するなど適切な対応を図ること」

　小中学校のように障害があることに対し何か特別な教育をしているところは少ないかもしれませんが、合理的配慮のもとに、すべての子どもが共に過ごし、遊び、学ぶ中で、人間関係やコミュニケーションを育むことを目指している園が多いようです。

3. 自立活動

　さて、特別支援学校の教育課程は通常の学校に「準ずる教育」を行うと伝えました。通常の学校のものを主としながらも特別支援学校に必要な教育課程を編成しなさいということです。そして特別支援学級や通級指導教室ではその特別支援学校のものを参考にするなどして特別の教育課程を編成しなさいということも理解できたと思います。

　では特別支援学校の教育課程で通常の学校と大きく異なるのはどのような点でしょう。まず自立活動という存在です。自立活動について学習指導要領では次のように説明されています。「個々の幼児児童生徒が自立を目指し、障害による学習上又は生活上の困難を主体的に改善・克服するために必要な知識、技能、態度及び習慣を養い、もって心身の調和的発達の基盤を培う」。少し難しい表現ですが、簡単にいえば障害や病気によって困っていることがあれば、それを自分から解決を目指すために必要な教育を行うことです。周囲に支援を求める声を上げることや自ら車いすを動かす方法を学ぶこと、あるいは手話や点字を学んで社会参加を目指すことなど目的はさまざまですが、障害などによって妨げられていることがあるのならその解決を目指し行動できる力を身につけさせるということになるでしょうか。

自立という言葉の解釈もいろいろありますが、一般的には自分のことは自分でしましょう、社会人になったら働いて稼いだお金で生活していきましょう、という風に理解されていると思います。もちろんその意味も含まれますが、障害などがある人々にとっての自立とは、自分の意思を明確にし自分で決めた道を進んでいくことができる生き方を指すものではないかと考えています。移動や食事、排せつではすべて他者の介助を受け、意思の疎通も難しい障害が重い人がいます。この人の自立を考えると、学校でコミュニケーション力を育て、少なくとも自分がしたいこと、やりたいことを周囲の人に伝え、あるいは理解してもらい、生き方を選択しながら社会参加していくことだと思います。自立活動とはそのような自分の意思を明確に周囲に伝え、社会の支えを受けながら自ら人生を切り拓いていけるような手段、方法を学ぶものといえるでしょう。

　自立活動は学ぶ内容や目的によって6つの種類に分かれていて、それぞれにまた小さな項目が計27設定されています。これを「6区分27項目」と呼びます（次ページ表3-1参照）。

　通常の学校では学習指導要領に示されている内容はすべて指導しなければなりません。しかし、自立活動については障害などに応じて必要な事項を先の表の区分や項目から選び、重点的に教えていくことになります。そのため一人一人の子どもにまったく異なる指導をすることもあれば、同じ目標を持つ子どもたちをグループにして教えることもあります。また、文科省のウェブサイトでは「自立活動の指導は、学校の教育活動全体を通じて行うとともに、自立活動の時間を設けて行うこととしている」と記されています。自立活動は授業のコマの1つとして時間割に位置づけて実施する場合もありますが、もう1つ、自立活動が示している6区分27項目の視点を特別支援学校のその他の教育活動全体にも取り入れていかなければならないということです。特別支援学校で障害がある子どもに対して行われる国語や算数の授業、修学旅行や運動会などの学校行事にも自立活動の視点を取り入れ、障害による困難の改善・克服のための学びをすべての教育活動の中で実施することになっています。自立活動は特別支援学校の教育の中でももっとも重要な位置を占めているといえます。

表 3-1　自立活動の 6 区分 27 項目（千葉県教育委員会「特別支援教育資料」から転載）

自 立 活 動 の 内 容	
区　分	項　目
1　健康の保持 生命を維持し、日常生活を行うために必要な身体の健康状態の維持・改善を図る	（1）生活のリズムや生活環境の形成に関すること
	（2）病気の状態の理解と生活管理に関すること
	（3）身体各部の状態の理解と養護に関すること
	（4）障害の特性の理解と生活環境の調整に関すること
	（5）健康状態の維持・改善に関すること
2　心理的な安定 自分の気持ちや感情をコントロールして変化する状況に適切に対応するとともに、障害による学習上又は生活上の困難を改善・克服する意欲の向上を図る	（1）情緒の安定に関すること
	（2）状況の理解と変化への対応に関すること
	（3）障害による学習上または生活上の困難を改善・克服する意欲に関すること
3　人間関係の形成 自他の理解を深め、対人関係を円滑にし、集団参加の基盤を培う	（1）他者とのかかわりの基礎に関すること
	（2）他者の意図や感情の理解に関すること
	（3）自己の理解と行動の調整に関すること
	（4）集団への参加の基礎に関すること
4　環境の把握 感覚を有効に活用し、空間や時間などの概念を手掛かりとして、周囲の状況を把握したり、環境と自己との関係を理解して、的確に判断し、行動できるようにする	（1）保有する感覚の活用に関すること
	（2）感覚や認知の特性についての理解と対応に関すること
	（3）感覚の補助及び代行手段の活用に関すること
	（4）感覚を総合的に活用した周囲の状況についての把握と状況に応じた行動に関すること
	（5）認知や行動の手掛かりとなる概念の形成に関すること
5　身体の動き 日常生活や作業に必要な基本動作を習得し、生活の中で適切な身体の動きができるようにする	（1）姿勢と運動・動作の基礎的技能に関すること
	（2）姿勢保持と運動・動作の補助的手段の活用に関すること
	（3）日常生活に必要な基本動作に関すること
	（4）身体の移動能力に関すること
	（5）作業に必要な動作と円滑な遂行に関すること
6　コミュニケーション 場や相手に応じて、コミュニケーションを円滑に行うことができるようにする	（1）コミュニケーションの基礎的能力に関すること
	（2）言語の受容と表出に関すること
	（3）言語の形成と活用に関すること
	（4）コミュニケーション手段の選択と活用に関すること
	（5）状況に応じたコミュニケーションに関すること

4. 合わせた指導

　もう1つ、特別支援学校には重要な指導形態があります。一般的に「合わせた指導」と呼ばれます。学校教育法施行規則第130条第2項には次のように書かれています。

　　「特別支援学校の小学部、中学部又は高等部においては、知的障害者である児童若しくは生徒又は複数の種類の障害を併せ有する児童若しくは生徒を教育する場合において特に必要があるときは、各教科、道徳、外国語活動、特別活動及び自立活動の全部又は一部について、合わせて授業を行うことができる」

　この法律の中の言葉を取って該当する授業形態を領域・教科を「合わせた指導」と呼んでいます。合わせた指導については学習指導要領で次のように解説しています。

　　「知的障害者である児童生徒に対する教育を行う特別支援学校においては、児童生徒の学校での生活を基盤として、学習や生活の流れに即して学んでいくことが効果的であることから、従前から、日常生活の指導、遊びの指導、生活単元学習、作業学習などとして実践されてきており、それらは『各教科等を合わせた指導』と呼ばれている」

　知的障害があると、国語や算数など教室で学んだ知識を応用したり活用したりする力が身につきづらい特性があるため、たとえばあるテーマに沿って国語的に学んだ知識を同じ授業の中でアクティブに実践するなどして、具体的な力を育てることを目的として合わせた指導を取り入れてもよいこととなっています。
　主な授業形態としては指導要領にある通り「日常生活の指導」「遊びの指導」「生活単元学習」「作業学習」などがあります。日常生活の指導とは歯磨き、食

事、トイレなど生活に必要な力を育てるもの、遊びの指導とは友だちや教員との遊びを通じて人間関係やコミュニケーションを育むもの、生活単元学習とは季節や学校行事などに合わせて目標に向かって協力して準備を進めながら社会的な活動に必要な力を育むもの、そして作業学習とは「働く」ことを通じて社会参加するために必要な力を育むものとなっています。

　これは知的障害がある場合のみに特別に認められている授業形態ですが、特別支援学校だけでなく知的障害がある子どもが在籍する特別支援学級にも適用できます。

Chapter 4

インクルーシブ教育システムと
合理的配慮、ユニバーサルデザイン

1 インクルーシブ教育とは

1. 基本的な概念

　インクルーシブとは、「一切を含めた」「包み込んだ」という意味です。インクルーシブ教育とは、子どもたち一人一人が多様であるということを前提に、障害の有無等にかかわりなく、誰もが望めば自分に合った配慮を受けながら、共に学ぶことを目指す教育のことです。障害のある子どもも、ない子どもも、またそれ以外のあらゆる子どもも一切を包み込んで教育していきましょうという考え方です。

　インクルーシブ教育という言葉が広がったきっかけは、先述したように1994年に開かれた「特別なニーズ教育に関する世界会議」であり、それ以降インクルーシブ教育への指向は国際的な潮流となっています。そこで採択されたサラマンカ宣言では、すべての子どもが教育を受ける基本的権利があり、特別なニーズを持つ子どもたちを含めたインクルーシブ教育こそが、国連の掲げる「万人のための教育（Education for All）」を達成するもっとも有効な手段であるとされています。

　「すべての子ども」の中には、障害のある子ども、英才児、ストリートチルドレンや就労児、辺境で生きる子どもや遊牧民の子どもなども含んでいます。インクルーシブ教育という用語はこのようにきわめて多様な対象と思想を含ん

でおり、その理念や方法論についてはさまざまな議論があります。しかし基本的な立場としては、人々が持つあらゆる多様性と差異（障害、人種や民族、宗教や文化、経済的・教育的格差など）によって社会から排除されることなく、社会への完全な参加を促進し、居住する地域の学校において共に学ぶことを目指す教育といってよいでしょう。

2. インテグレーションとの違い

インクルーシブ教育が叫ばれる以前には、インテグレーションという考え方がありました。これは、「障害のある子どもが、障害のない子どもと共に教育されることが保障されなければならない」という考え方であり、統合教育と呼ばれました（図4-1）。これは、もともと分離していた障害のある子どもを、障害のない子どもと一緒にするという意味でインクルーシブ教育とは少し違った概念です。この考え方は、わが国では「交流教育」という形で障害がある子どもとない子どもが共に学びあう場として独特な発展をみせたという側面もありますが、統合教育自体は通常学校側の受け入れ体制の整備や現実的な課題への対応が十分ではなかったことから、必ずしも順調に進展はしませんでした。

今から30年以上前、筆者が初任で勤務した視覚障害の学校（盲学校）に、まったく口をきかず表情のない小3の全盲の女子が転校してきました。統合教育が叫ばれる中、周囲の勧めで通常学校に入学したものの、教員や他の児童との関わりがほとんどなく、1日中誰とも会話をしない日もあったといいます。盲学校へ来て少人数の中で仲間と関わるうちに少しずつ言葉をしゃべるようになり、合唱部で友だちと指を絡めた合図で指揮を感じ取り、歌を練習する中で、すっかり元の明るさを取り戻すことができたのです。

インクルーシブ教育がその理念と目的を遂行するためには、地域の通常の学校を、障害を含むすべての子どもが学べるよう

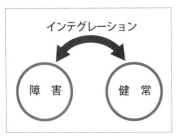

図4-1　インテグレーションの概念

な包含的な学校に変えていく必要があります（図4-2）。教育の場のみならず、いかに障害のある子どもの教育の質を確保するかが課題となります。そのためには、インクルーシブ教育の理念と目的を遂行するための仕組み、教育におけるそのシステムが重要となってくるのです。

図 4-2　インクルーシブ教育の概念

2　インクルーシブ教育システム

1. 条約に合わせた法令等の整備

　2014 年、わが国は国連の障害者の権利条約（以下条約という）を批准しました。この条約は先に述べた世界的な潮流を汲んで、教育における障害者の権利の獲得を実現するために、インクルーシブ教育システムを確保することを締約国に求めています。また、インクルーシブ教育の目的として、障害者が、その人格、才能、創造力、精神的・身体的な能力をその可能な限り発達させること、障害を理由として一般的な教育制度から排除されないこと、無償の初等教育・中等教育の機会を与えられること、個人に必要とされる合理的配慮が提供されること等を定めています。

　条約では、障害者の権利の実現のために適切な立法、行政措置をとることを定めているため、条約の批准にあたっては、法律、政令、省令等の法的・行政的整備が求められます。わが国政府としても大幅な障害者制度の改革が行わ

表 4-1　障害者制度の改革に伴う法令等の改正

○障害者基本法の改正（2011.8）
○中央教育審議会初等中等教育分科会「共生社会の形成に向けたインクルーシブ教育システム構築のための特別支援教育の推進（報告）」（2012.7）
○障害を理由とする差別の解消の推進に関する法律（2013.6）
○学校教育法施行令の改正（2013.8）
○教育支援資料の公表（2013.10）

れ、表 4-1 のように、法令の改正や審議会の報告等が次々と行われました。こ
こではそれぞれについて解説する余裕はありませんが、これらの法令や報告の
中で述べられている、インクルーシブ教育システムの具体的な内容について次
に述べていきます。

2. 就学相談・就学先決定の在り方

　インクルーシブ教育システムでは、障害の種類によって就学先が決まるので
はなく、最大限本人・保護者の希望を尊重し、専門家の意見等も聞きながら、
一人一人の子どもにとってどの就学先が最適かが検討されます。

　従来の就学先決定の仕組みでは、いわゆる就学基準に該当する障害のある子
ども（学校教育法施行令第22条の3の表）は、原則特別支援学校に就学するこ
とになっていました。

　一方、新たなシステムの中では、中央教育審議会の分科会報告（以下分科会
報告という）にあるように「障害の状態、本人の教育的ニーズ、本人・保護者
の意見、教育学、医学、心理学等専門的見地からの意見、学校や地域の状況等
を踏まえた総合的な観点から就学先を決定することが適当」とされています。

　また、一人一人の教育的ニーズに応じた教育的支援を行うためには、乳幼児
を含めた早期から成人に至るまでの一貫した支援を行うことが重要であること
が強調されています。そのためには、関係機関が情報を共有できるように、支
援履歴のわかる相談支援ファイルや個別の教育支援計画を活用することなどが
示されています。

　さらに、就学時に決定した学びの場は固定したものではなく、必要に応じて
柔軟に見直しや変更を行うことをすべての関係者が共通理解することが重要で
あるとされます。以前は特別支援学校から通常学校への転校や、特別支援学級
と通常学級の籍の移動は容易には行えませんでした。しかし、子どもは本来、
発達するものであり、その障害の状態や教育的ニーズもその時々で変化しうる
ものであるという考え方がその背景にあります。

3. 合理的配慮と基礎的環境整備

「合理的配慮」というのは近年使われるようになった言葉ですが、インクルーシブ教育システムを推進する上では非常に重要な概念です。条約による定義を示すと、「合理的配慮とは、障害者が他の者と平等にすべての人権、および基本的自由を享有し、又は行使することを確保するための必要かつ適当な変更及び調整であって、特定の場合において必要とされるものであり、かつ、均衡を失した又は過度の負担を課さないものをいう」とされています。

これを受けて障基法や分科会報告では合理的配慮に関して定義づけや解説をしていますが、そのポイントはおおよそ次のようなことです。

(1) 障害のある子どももない子どもも平等に教育を受ける権利を有していること

(2) 十分な教育を、共に受けられるようにするために、校内の教育体制、教育内容・方法、施設・設備などを、一人一人の教育的ニーズに合わせて変更・調整すること

(3) 「学校の設置者及び学校」が合理的配慮を提供すること

(4) 子ども一人一人で教育的ニーズは異なるため、「必要かつ適当な変更・調整」も異なってくること

(5) 学校の設置者及び学校に対して、均衡を失した過度の負担を課さないものであること

以上がその内容ですが、では合理的配慮とは、具体的にどのようなことをすることなのでしょうか。分科会報告では、障害別に合理的配慮の例示をまとめていますが、ここでは筆者の見たり聞いたり経験した中から、いくつかの例について具体的に考えてみます（次ページ《事例その1》参照）。

一人一人のニーズに合わせた支援が合理的配慮ですが、こうした取り組みは担任1人ではなかなか難しく、思うようには進みません。後述しますが、一人一人の障害の実態を把握し、実態に応じた手立てを考えていくためには専門的な知識が必要です。そのためには担任だけに任せるのではなく、学校の組織として一人一人のニーズに合わせた合理的配慮を行っていくという姿勢が必要で

《事例その１》

○視覚障害（弱視）のあるＡくんは、教科書がそのままでは読みにくいので、拡大教科書を用意します。資料なども拡大して渡しますが、授業の中ではどうしても「その場で即座に」見たいものも出てきます。そこで、タブレット型端末を常用させることで、文字を拡大したり、白黒反転させて見やすくしたりしています。遠くのものや動きのあるものは写真やビデオに撮って拡大して見せることもできます。こうしたICT機器の活用は、従来から行われてきた、模型や写真を用意することなどに加えて支援に幅を持たせています。最近では文字の音声化や音声の文字化の機能等を持つものがあり、学習での活用の幅が広がっています。

○肢体不自由のあるＢさんは、上肢、下肢共に障害があり、書字や計算が困難です。アームサポート機器を使用して腕を支えていますが、通常のノートでは字がマスからはみ出してしまいます。そこで、マス目の大きいプリントと、グリップが太くて握りやすい筆記用具を用意しました。またノートや紙が動かないよう、固定できるようにしました。学習内容によってはパソコンやタブレットを活用して書いたり計算したりもします。Ｂさんは表出言語にも障害があるため、聞き取りにくい言葉がある場合は、コミュニケーションボード（文字盤）やトーキングエイド（音声出力装置）を使っています。

○学習障害があるＣくんは、読み書きに時間がかかり、とくに漢字が苦手です。文節ごとに線を入れて読みやすくしました。また、文章の読み取りが重視される場面では、Ｃくんにとって難しい漢字には読み仮名を振りました。行を飛ばしてしまうことがあるので、ページカバーで読んでいるところをわかるようにします。板書はどうしても他の児童より遅れてしまうので、あらかじめ板書計画をワークシートのように作っておき、ポイントだけ書き込めるような穴埋め式にしました。タブレット端末が使える場面では、板書や掲示内容を必要に応じて写真で撮る場合もあります。

す。特別支援学級や通級指導教室の教員など学校内外で専門的な知識を持っている人はもちろん、近隣の特別支援学校の教員にも助言をもらうとよいでしょう。教材の準備などは支援員や保護者の協力も必要になってくるかもしれません。

　さて、上記に述べたような学習上の配慮の他にも、日常生活上の配慮や施設・設備面の配慮も重要になってきます。たとえば、肢体不自由のＢさんのような人の場合、給食では食べやすい食物形態や使いやすい食器が必要になることもあります。施設・設備面では、障害者用のトイレの整備、段差の解消やスロープ、場合によっては階段昇降機やエレベーターなどが必要になってくる場合もあります。「均衡を失した過度の負担を課さないもの」とあるので、どこまで用意するかはその状況にもよるでしょうが、こうした中で合理的配慮を

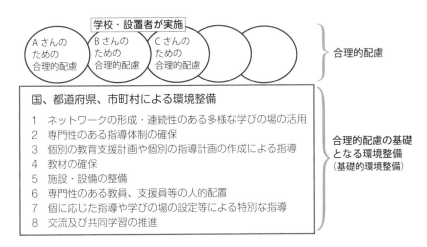

図 4-3　合理的配慮と基礎的環境整備

行っていく上での基礎となる環境を整えていくことを、「基礎的環境整備」と呼んでいます。

　基礎的環境整備の具体的な課題としては、①ネットワークの形成・連続性のある多様な学びの場の活用、②専門性のある指導体制の確保、③個別の教育支援計画や個別の指導計画の作成による指導、④教材の確保、⑤施設・設備の整備、⑥専門性のある教員、支援員等の人的配置、⑦個に応じた指導や学びの場の設定等による特別な指導、⑧交流及び共同学習の推進、が挙げられています。

　こうした合理的配慮と基礎的環境整備の関係について、分科会報告で示されている図を若干変更して示しておきます（図4-3）。

4.　多様な学びの場と学校間の連携

　分科会報告では、インクルーシブ教育システムにおいては「その時点で教育的ニーズに最も的確に応える指導を提供できる、多様で柔軟で連続性のある学びの場」を整備することが重要とされ、通常の学級、通級による指導、特別支援学級、特別支援学校が挙げられています。「通級による指導」というのは、先述したように通常の学級でほとんどの時間を過ごし、特別に支援が必要な部分

だけを通級指導教室で支援を受ける制度です。自校に通級指導教室がある場合もありますが、地域内の他の学校に設置された通級指導教室に行く場合もあります。また教師が他の学校に出かけていく「巡回の指導」もあります。1993年の開設当初は弱視、難聴、肢体不自由、病弱身体虚弱、言語障害、情緒障害が対象でしたが、2005年からは自閉症、学習障害、注意欠陥多動性障害（注意欠如多動症）が加えられました。現在では東京都を初め発達障害の児童生徒に関して、各小・中学校に指導教員が巡回指導を行うシステム等が進んでいます。

　ここでのポイントは、①必要に応じて柔軟に学びの場の変更ができる、②教育的ニーズにもっとも的確に応える、③学びの場が相互に連携する、ということがあります。

　①でいえば、子どもは日々発達し、学習の進展や適応状況も変わってくるので、それに応じて柔軟に学びの場を変更できることが重要です。そのためには子ども一人一人の学習や生活状況を注意深く観察し、その時々の実態を的確に判断していくことが求められます。必要に応じて関係機関と連携しながら、校内委員会等で定期的に子どもの発達や適応状況について話し合いを持ち、就学先の変更について考えられるようにしておくことが大切です。

　②については、教育内容の方法・改善が挙げられています。一人一人の教育的ニーズに的確に応えているかを評価し、日々指導の質を高めていくことが大切です。そのためには、担任だけでなく学校全体での支援体制が大切になります。とくに通常学校では、障害を持った子どもを思いもよらず担当したために、どうしたらよいかわからないことがあります。校内に専門性を持った人がいなければ、地域の専門性を持った人に相談することになるでしょう。域内にどのような専門性を持った人がいるのか、ネットワークを作っておくことが必要です。ST（言語聴覚士）やOT（作業療法士）、PT（理学療法士）等の専門家の他、「人材バンク」のような形で、自閉症に詳しい人、身体障害に詳しい人、精神障害に詳しい人など、一覧を作っておくのも1つの方法です。特別支援学校にはこうした情報を比較的多く持っているところがあります。

　③に関しては、「域内での教育資源の組み合わせ」（スクールクラス

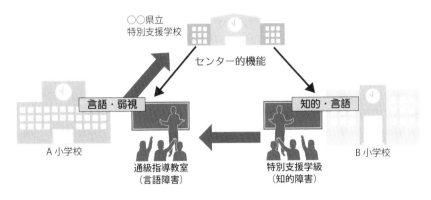

○○県立
特別支援学校

センター的機能

言語・弱視

知的・言語

A小学校

B小学校

通級指導教室
（言語障害）

特別支援学級
（知的障害）

図4-4　スクールクラスターの概念

ター）ということがいわれています。分科会報告にあるスクールクラスターの
図を若干変更して示します（図4-4）。

　ここで、A小学校の通常学級に在籍する言語障害と弱視がある児童は、自
校の言語障害の通級指導教室に通っていますが、弱視に関しては県立の特別支
援学校で支援を受けています。B小学校の特別支援学級に在籍する知的障害で
言語障害を随伴する児童は、A小学校の言語障害の通級指導教室で支援を受け
ています。また県立の特別支援学校は、センター的機能により各学校の要請に
従って支援を行っています。これらは障害が重複する児童に関するイメージで
すが、スクールクラスターとは、このように多様なニーズのある児童生徒に適
切な支援を行うための教育資源の組み合わせを意味します。

　このような関係が成り立つためには、学校や職員同士の日常的な交流がなく
てはうまくいきません。筆者が以前勤務していた特別支援学校では、地域内に
小中学校との特別支援教育連絡会議があり、そこで情報交換や事例検討会を
行っていました。自閉症の子どもの対応に困っていた経験の浅い特別支援学級
の教員のところに、特別支援学校の教員が出かけていき、実態把握から目標設
定など個別の指導計画の作成を具体的に支援したこともあります。特別支援学
校にはセンター機能が位置づけられているので、相談の仕方によってはそうし
た具体的な支援を受けることも可能です。

こうした日ごろからの情報交換が子どもを危機的状況から救うこともあります。ある小学校で、急にぶつぶつ独り言を言うようになった子どもがいました。不審に思った担任が、精神医学の知識のある特別支援学校の教員に相談したところ、精神病が疑われるのですぐに精神科を受診するよう勧めました。驚いた担任が保護者に連絡し、受診したところまさに統合失調症の発症を早期に発見できたという例もあります。

　多様な学びの場として、通級による指導の例をいくつか挙げておきましょう（事例その2）。

《事例その2》

○小学生のDさんは筋ジストロフィーがあり、運動や心理的な安定を目的に特別支援学校に週1回通ってきました。学校では体育や身体活動を伴う行事は思い切ってできない面があり、本人はその点に物足りなさを感じていました。通級による指導では本人と相談しながら車いすサッカーやバスケット、ゴルフ、バレーなどあらゆる障害者スポーツに挑戦し、自分の持てる力を発揮することができました。またその様子は在籍校にも紹介され、他の児童や先生方が障害者スポーツの理解を深める契機ともなったようです。

○中学生のEさんは場面緘黙があり、学校にも限られた形でしか登校できませんでした。病弱教育を行う特別支援学校で通級による指導が始まり、臨床心理士資格を持つ教員が週1回、「自立活動」として箱庭や軽運動を中心とした支援を行いました。当初は身動き一つしない状況でしたが、次第に箱庭や軽運動に没頭するようになり、それとともに学校の活動にも参加できるようになるなど担任も驚くほど顕著な変化がみられるようになりました。まさに多様な学びの場がEさんに新たな一歩を踏み出す力を与えることになったのです。

○中学生のFくんは、自閉スペクトラム症で人との関係がうまくとれず、いじめの対象となったことなどから著しい不適応状態となり、精神疾患も疑われました。精神的な不安定さや混乱が目立ち、特別支援学校に相談がありました。医師の意見もあり、しばらくは通級による指導を利用して週2回程度特別支援学校に来るようになりました。当初は落ち着きなく独り言が絶えませんでしたが、教室に通う中ですっかり落ち着きを取り戻し、4ヵ月後にはもとの学級に復帰することができました。これを契機に進路も特別支援学校の高等部に決まりました。

　こうした取り組みは、施設・設備面、あるいは専門性という点で学校同士が連携し、補い合うという意味でも重要だと思います。難しい病気や障害の場合、通常学校だけで対応するのは困難です。地域内の教育資源の組み合わせによって、子どもたちの学びの場は広がり、その質を高めることができます。

5. 教職員の専門性の向上

　インクルーシブ教育を推進する上で、実際に子どもの教育を担う教職員の専門性の向上はきわめて重要です。分科会報告では、「すべての教員は、特別支援教育に関する一定の知識・技能を有していることが求められる」とし、特に発達障害の児童生徒の多くが通常の学級に在籍していることを挙げています。

　筆者は長年、特別支援学校のコーディネーターとして小中学校の支援にあたってきました。その際に最も強く感じたのは、特に発達障害の子どもの場合、教職員に知識があるかないかで子どもが能力を発揮できるか否か、生き生きと学校生活を送ることができるか否かが変わってくるということでした。

　学習障害の子どもであれば学習方略をいかに工夫するか、ADHD や ASD（自閉スペクトラム症）であれば学習環境をどう整えるかといった、ちょっとした配慮で子どもが変わってくるのです。インクルーシブ教育システムの中では、そうしたノウハウを、教員の誰もが身につけていなくてはなりません。

　特別支援学級や通級指導教室の教員は、そういう意味では校内の中核的な存在として期待されています。個別指導計画や個別の教育支援計画の作成に関する相談はもとより、日常の中で子どもの呈している問題が性格特性からくるものか、それとも障害に起因するものなのか、教材や教具、学習の提示の仕方がその子どもに合っているか、教室環境や指導計画が適切であるかなど、日ごろから校内の子どもや教員、教室などに目を配り、助言を与えることができるよう専門性を高めていきたいものです。

　学校全体の専門性を高めていく上で、校長等管理職や学校を支援する教育委員会の指導主事等のリーダーシップが重視されています。こうした人たちの研修による専門性やスキルの向上も大切ですが、またこういう指導的な立場の人たちが研修で出会った、これぞという講師を学校に呼び込んで校内研修を充実させていくということも意義があります。研修の質は講師によっても変わってきます。職員会議の中で 10 〜 15 分のミニ研修会を毎回持つのも有効です。発達障害のある子どもの特性や学び方、環境づくりの大切さなどについて学び合うことは教職員全体の専門性の向上に役立ちます。

3 合理的配慮とユニバーサルデザイン

　分科会報告では「障害のある子どもと障害のない子ども、それぞれが、授業内容がわかり学習活動に参加している実感・達成感を持ちながら、充実した時間を過ごしつつ、生きる力を身につけていけるかどうか、これが最も本質的な視点である」と述べています。そしてこのことを実現するためには、合理的配慮とユニバーサルデザインの考え方に基づいた基礎的環境整備が必要であると指摘されています。

　ユニバーサルデザインとは、すべての人々に対し、可能な限り最大限に使いやすい製品や環境のデザインを意味するとされますが、教育におけるユニバーサルデザインとはどういうことでしょうか。佐藤（2010）は、ユニバーサルデザインの定義を「LD 等の子どもには"ないと困る"支援であり、どの子どもにも"あると便利"な支援を増やすこと」としています。通常の学級は、障害のある子どもを含む多様な教育的ニーズのある子どもで構成されています。一斉授業で学習に困難を抱えた子どもに対して行う工夫が、その子ども以外の子どもにとってもよりよい学習内容の理解につながります。こうした授業をつくっていくことが、ユニバーサルデザインの考えを取り入れた授業づくりであるといえます。

　佐藤の言うユニバーサルデザインの授業づくりのポイントを抜粋、要約して一覧表にしてみました（表4-2）。当たり前と思われることもあるかもしれませんが、聴覚的な記憶に困難があったり見通しを持つのが苦手だったり、多様な認知特性がある子どもにとって大切な支援が含まれています。

　ただし、これらは「画一化」とは違い、すべてを同じにということではありません。学級や教員の個性や独自性を活かしながら、基本的なルールに一貫性を持たせるということです。留意したいのは、ある特定の子どもへの配慮がすべての子どもにとっても「便利」であるとは限らないということです。ノートのマス目を大きくすることは、字を書くのが苦手な子どもにとっては便利ですが、より速くたくさんの文字を書きたい子どもにとっては不便になります。

表 4-2　ユニバーサルデザインの授業づくりのポイント

① 授業構成を工夫する　導入・展開・まとめのアイデア	
教科書・ノート準備のタイミング・やり方を明示する	生活や授業の基本的なルールを明確にし、全校で一貫したものにする。
授業の流れを示す	何をどんな順番でやり、どこで終わるかを視覚化して伝え見通しを持たせる。
授業の型を一定にする	教科ごとに流れに型があると子どもたちには見通しやすく、安心して取り組みやすくなる。
授業の進行を工夫する	発展・補充プリントで選択の幅を持たせる。書く、聞くなど1時1作業でメリハリをつける。良い所を認め合う。
② 教師の話を工夫する　指示・説明・発問等のアイデア	
説明・指示を簡潔にする。1文1動詞（動作）で話す	話は短く要点を絞る。長い話は視覚的な手がかりを補う。「1つ目は○○をします。2つ目は……」と区切って話す。
抽象語を少なく具体的に話す	「あっち・こっち」「たくさん」「あと少し」「だいたい」「ちゃんと」等、抽象語を避け具体的な指示を心がける。
語調に変化をつける	ポイントに触れる前に「では、大事なことを言います」などのように、強調したり繰り返したり話し方を工夫する。
称賛と肯定の言葉をわすれない	頑張りを見てほしい、認めてほしいという思いに応え、称賛と肯定の言葉を支援の基盤とする。
③ 板書と机間巡視を工夫する	
きれいな黒板を心がける	余計なことが書き込まれておらず、日にちと1日の予定だけが書かれ、教師に注目できる状況作りを心がける。
文字・行間・罫線・チョークの色に配慮する	板書の行間には特に配慮、ポイントを囲む、カラーの使い方、カード類の活用等視覚的手がかりを存分に工夫する。
黒板の分割法に配慮する	板書のスピード、タイミング、間合いなど授業の進行とポイントを押さえた板書は子どものわかりやすさを支える。
机間支援と一斉支援・個別支援に配慮する	作業課題の間に机間支援で個別の支援、話し合い活動で肩に手を置き合図など一斉支援と個別支援を組み合わせる。
④ 視覚情報や作業・動作を活用する	
イラストカード等視覚情報を活用する	動作・視覚化は授業づくりのポイント。「話を聞く」「静かに」「ポイント」等の多用する指示はイラストカードにする。
「見て→読んで→書く」動作を生かす	板書の要点を「見て」注意を引き、それを念頭に教科書を「読み」、ノートに「書く」など複線的に要点を伝える。
作業動作で集中力を持続する	ノートに書く、プリントの配布・回収、空書き、ゲーム、なぞなぞ等「静」と「動」を組み合わせて飽きさせない工夫。

ところで、このような工夫をしても授業についていけなかったり、課題を理解しづらかったりする子どもはいます。その時は、授業内で個別に支援をしていくなど、必要な合理的配慮を行います。さらに、授業時間内にできる限りの個別の配慮を行っても学習に困難が生じてしまう児童生徒がいた場合は、通級による指導等、特別な場での指導が必要な場合があります。

　また、支援が必要な子どもへの個別支援に他の子どもが不公平感を持つ場合があります。個別のヒントを与えるタイミングを工夫するなど教員側の配慮も必要でしょうが、同時に、支援が必要な子どもへの個別の配慮に対して寛容さを持てるように周囲の子どもを育てることが必要です。学級づくりは授業を行う上での基盤であり、個別の配慮を行うための基盤でもあります。安心できる学級、一人一人の違いを認め合える学級づくり。そのためには、「わからない、困っている」と言える雰囲気や、「みんな違って、みんないい」という学級の環境が大切です。

　支援を必要とする子どもが自分の特性を理解し、どのような配慮があれば学習に参加できるかを知っていることも重要です。そのことを本人も周囲も認め、受け入れ、共に支え合うことが、「共生社会」の実現にとってもっとも大切なことだと思います。

【引用・参考文献】
・木舩憲幸『そこが知りたい！大解説 インクルーシブ教育って？』明治図書出版、2014
・佐藤慎二『通常学級の授業ユニバーサルデザイン―「特別」ではない支援教育のために』
　日本文化科学社、2010

Chapter 5

個別の教育支援計画と個別の指導計画

1 「個別の教育支援計画」と「個別の指導計画」の関係

1．一人一人のニーズに応じた計画

インクルーシブ教育システムにおいては、児童生徒一人一人のニーズを的確に把握し、自立と社会参加を見据えて、その時点でもっとも適切な指導や支援をしていくことが求められます。この「一人一人」「個別の」ということは、特別支援教育においてもっとも大切にしてきたことであり、一人一人に応じた個別の計画を立てることが教育における出発点になるともいえます。「個別の教育支援計画」と「個別の指導計画」は、その意味では指導や支援の根幹となるものですが、その目的や内容が異なっていますので、その違いをしっかり把握しておくことが大切です。

学習指導要領で示されている言葉を借りて言えば、「個別の教育支援計画」は関係機関と連携した支援のための計画であり、「個別の指導計画」は指導についての計画ということです。いずれも、○○さんという1人に対する支援や指導の計画なのですが、作成の目的や使い方、内容や方法が違っています。

特別支援学校ではすべての児童生徒について作成することとされていましたが、小・中学校等については、必要に応じて作成することとされていました。平成24年の中教審の分科会報告では、障害のある児童生徒すべてに拡大する検討の必要性が示され、平成29年3月告示の学習指導要領では、特別支援学

級に在籍する児童生徒や通級による指導を受ける児童生徒については、全員作成することと明記されました。

2. それぞれの特徴と両者の関係

「個別の教育支援計画」は、障害のある子どもが、乳幼児期から学校卒業後まで一貫した教育的支援を受けられるように関係機関（教育・医療・保健・福祉・労働等）が連携して効果的に支援するための計画です。障害のある子どもは、多くの場合学校だけでなく医療機関で病気や障害の診療を受けていたり、生活面では地域の福祉機関から何らかの支援を受けていたり、成長すれば将来に向けて労働機関と相談を行ったりする場合があります。そうした関係機関が、本人や保護者の希望や目標、支援内容・方法等の情報を共有したり、役割分担をしたりするためのツール（道具）といえます。

「個別の指導計画」は、「個別の教育支援計画」を踏まえ、学校の教育課程や指導計画を考慮しながら、一人一人の教育的ニーズを把握して指導目標や指導内容・方法を盛り込んだ具体的な指導計画です。学校生活の具体的な場面、教科学習における配慮、対人関係や学級経営上の配慮等について、実態把握をもとに指導目標や指導内容・方法・手立てなどを具体的に記入します。個別の教育支援計画の学校での支援の部分を具体化したものともいえるでしょう。

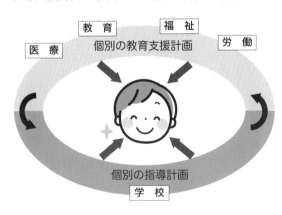

個別の教育支援計画をもとにして個別の指導計画が立案され、具体的な実践が行われます。評価をもとに指導は改善されていきますが、同時にその成果や評価を個別の教育支援計画にも反映させ、関係機関の支援内容を見直していくことも必要でしょう（図5-1）。個

図5-1　個別の教育支援計画と個別の指導計画

別の指導計画は学期ごとなど比較的短いスパンで見直され、個別の教育支援計画は年度ごとなど長期的に見直されていきます。次節からはそれぞれについて、作成の内容や方法について見ていきます。

2　個別の教育支援計画の内容と方法

1．基本的な考え方

　平成24年の中教審の分科会報告では、設置者・学校と本人・保護者により、個別の教育支援計画を作成する中で、「合理的配慮」について可能な限り合意形成を図った上で決定し、提供されることが望ましく、「その内容を個別の教育支援計画に明記することが望ましい」とされています。個別の教育支援計画は医療・保健、教育、福祉、労働等の関係機関が連携して支援するための計画なので「合理的配慮」に関してもそれぞれの機関としっかり共有して支援を進めていく必要があります。

　従来より、個別の教育支援計画は「作成」ではなく「策定」が重要であるとされてきました。「策定」とは「基本的な考え方や進むべき方向をあれこれ考えて決めること」という意味です。学校だけでなく、支援者がその専門性や独自性を生かして、本人や保護者の願いに基づき、合理的配慮はもとよりどのようにしてその願いや目標を実現していくかを「あれこれ考えて決めること」が大切なのです。その際の話し合いによって、互いに顔の見えるネットワークが生まれてくると、支援は確かで豊かなものになってきます。話し合いといっても必ずしも全員が集まるということでなく、電話やメール、ネット会議なども発達した時代ですから、実情に応じて関係者が連携できればよいでしょう。

　Aさんの例を考えてみましょう。中学3年生のAさんは肢体不自由があり、定期的に病院で診療やリハビリ、心理相談を受けています。また病院に隣接する特別支援学校の教員により、週1回巡回による指導を受けています。その他にも、何事にも積極的なAさんはとても活動的で、放課後は週1回地域の公民館のパソコン教室に通い、週末はやや遠方の車いすバスケットのクラブに参加

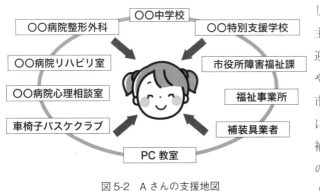

図 5-2　A さんの支援地図

しています。通学は主に福祉事業所の送迎を利用し、車椅子や装具については、市役所の障害福祉課に相談しています。補装具業者とは装具の使い勝手に関して日常的なやりとりもあります。A さんの支援の状況を支援地図（図 5-2）にしてみましょう。

2. 個別の教育支援計画の書式と記入

　支援地図をもとに、教育における支援を書式に記入したものが個別の教育支援計画です。学校生活での教育的支援を充実するためには、家庭や地域における生活の充実が欠かせません。それぞれの機関が役割分担をし、連携して情報共有しながら、A さんの学校生活や家庭・地域における生活が充実したものになるよう支援の計画を考えます。記入する内容はおおむね表 5-1 のようなものが考えられます。書式は特に決まっておらず、各自治体や学校ごとに提示している場合が多いようです。ここでは A さんの個別の教育支援計画の例を示します。裏面は紙面の都合で記載しませんが、比較的自由に書けるようにしておき、支援会議や相談記録、実習・体験の記録、その他の記録・特記事項等を書

表 5-1　記入内容

本人のプロフィール	氏名、住所、生年月日、診断名、医療機関、手帳等
本人・保護者の願い	「こうありたい」という本人・保護者のニーズ
支援目標、支援方針	ニーズに応じた適切な支援目標の設定と支援方針等
合理的配慮	「3 観点 11 項目」を参考とした配慮すべき事柄
支援内容と役割分担	各支援機関が行う具体的な支援内容・方法、役割等

個 別 の 教 育 支 援 計 画　　　　　○○中学校3年

氏　名	○ ○ ○ ○　　女	現住所	○ ○ ○ ○ ○ ○
保護者	○ ○ ○ ○	診断名	脊髄損傷による下肢機能障害
生年月日	年　月　日　　歳	障害者手帳（有・無　身体・療育・精神）1種1級	

本 人 ・ 家 族 の ね が い

本人：進学に向け多くの人と係わり世界を広げたい。パソコンでいろいろな事ができるようになりたい。
家族：自分の障害について理解し体調に応じて生活できるようになってほしい。パソコンがもっと上達し、将来の自立と社会参加に生かせるようになってほしい。

> 本人や家族の願いを受け、学校側の視点も加えてまとめます。

目 標 と 支 援 の 方 針 ・ 手 立 て

・友だちや人との係わりを増やし社会性を身につける。→学校や地域で人と係わる機会や経験を増やす。
・パソコン技能の向上と将来像の形成。→情報機器の活用と進路学習、地域のボランティアを活用する。
・障害の理解を深め自己管理力を高める。→巡回による指導を中心に自己理解や自己管理力を育成する。

合 理 的 配 慮

評価・課題等

・巡回による指導等で専門的な指導を受けられるようにし、身体の動きや健康上の課題について時間を設けて個別に指導する。また担任等への専門性の研修も行う。
・体育の器械体操や陸上競技等は指導内容を個別に設定し他の生徒と共に学べるよう変更などする。車いすバスケットなど得意なものを共に楽しめるよう工夫する。
・通院等で学習の機会を失うものは資料やノートのコピー等により内容を補完する。

> 合意内容を記載します。ここでは施設・設備面の基礎的環境整備は入学時に合意し実施済みのため記載していません。

	支援機関・連絡先・担当	具体的な支援内容	評価・課題等
教育	中学校　担任 ○○ コーディネーター○○ 情報教育担当○○ ○○特別支援学校 通級指導担当○○	・学級・学年を超えて交流し活躍できる場を設定する。 ・各教科等での情報機器の活用を通じてパソコンの知識技能を高める。パソコン検定受検の機会を設ける。 ・学校と連携し自立活動を中心に障害の理解や自己管理力を身に着け体調に応じて生活できるようにする。	ここでは支援者を主体として、それぞれが何をやるかという書き方をしています。
医療	○○病院整形外科 主治医○○ リハビリ、心理相談室 PT OT CP○○	・月1回の通院で病状管理と薬の処方を行う。リハビリ室、心理相談室と連携、必要に応じ学校へ助言。 ・理学療法、心理療法等により身体・心理面の課題を改善する。学校、特別支援学校との情報交換、助言。	医療との連携は本人・保護者の了承を得て、電話、メール、面談など相手の都合に合わせて行います。
福祉	○○市障害福祉課 担当○○ ○○事業所	・支援事業全般についての相談を行う。特に補装具や送迎支援サービスに関して情報提供や助言を行う。 ・父母が多忙の際、送迎を代わってあるいは主に行う。	自治体により支援内容が異なるので、障害の状態等を考慮した担当者とのきめ細かい情報交換が必要になります。
地域	車椅子バスケクラブ 公民館パソコン教室 補装具業者○○	・週末の練習に受け入れる。仲間との交流の場を設定。 ・週1回パソコン教室でボランティアが指導する。 ・装具の不具合や使い勝手に関し日常的にサポート。	塾や習い事、特徴的な生活などもここに入れます。
家庭	父母：○○ 祖父母：○○ 兄、姉：○○	・日常の健康管理をサポート。車で登下校の送迎。 ・週末のバスケ教室の送迎。入院時に洗濯物の受渡し。 ・休日に一緒に買い物、乗物等の介助。悩みを聞く。	家庭は本人にとって最も身近で重要な支援者です。

以上の支援計画について了承しました。　　　年　月　日　保護者氏名　　　　　　印

図 5-3　個別の教育支援計画の例

けるようにしておくと便利です。

　作成にあたって大切なことは、あまり複雑なものにせず、シンプルに、実際の支援に役に立つものを心がけることです。陥りがちなのは作成することに重点が置かれ、支援に生かされないことです。これでは意味がありません。また、個人情報の保護に関してはとくに注意が必要です。個別の教育支援計画にはさまざまな機関が関わるため、共有する情報の取り扱いや管理については十分に共通理解を図り、本人・保護者の了解を得ておくことが重要です。

3　個別の指導計画の内容と方法

1. 目的と書式、記載内容

　個別の指導計画は、学期ごと等の短い期間に効果的な指導、適切な支援を行うためのきめ細かな計画であり、合理的配慮を踏まえて具体的な指導を行うことが目的です。学校で作成し、指導目標や内容・方法・手立てを明確にします。学級担任や教科担任を中心に作成しますが、経験の浅い教員や障害のある児童生徒を初めて担当する教員でも作成できるよう、特別支援教育コーディネーター等が協力して校内委員会で検討するなど、学校全体として支えるようにします。

　個別の指導計画を作成するメリットとしては主に次のような点があります。

（1）一人一人の実態が明らかとなり、それに応じたきめ細かい指導が行える。

（2）指導目標、指導内容・方法等について教職員が共通理解できる。

（3）指導を定期的に評価することにより、より適切な指導へと改善できる。

（4）引継ぎ資料として担当が代わっても一貫性や系統性ある指導が行える。

（5）教員が自らの指導や姿勢をふり返り、専門性を高めることにもつながる。

　書式は特に決められておらず、学習面や行動面等の領域で整理したものや教科ごとに計画したもの、指導時間で分けたもの等さまざまです。各自治体等でも書式の例を示しているところがあり、学校や児童生徒の実態により、書きや

すいものを選んだり工夫したりすると良いでしょう。文部科学省のウェブサイトでもいくつかのタイプの様式例を示しています。

　記載する内容はおおむね、①障害の状態や学習状況などの実態把握、②指導目標（長期・短期）、③指導内容と方法・手立て、④評価と改善点等になります。

2．作成の手順

　作成にあたっては、個別の教育支援計画に記入した合理的配慮を踏まえ、これまでの指導歴や他の教員からの情報、保護者からの成育歴や家庭生活の様子、専門機関の相談歴や諸検査の結果等の資料を得るなどして実態把握を行い、重点課題や優先内容について検討し、作成していきます。作成の手順を図示すると図5-4のようになります。

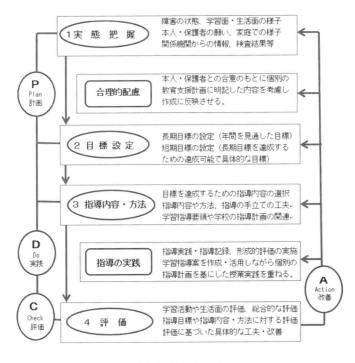

図5-4　作成の手順

3. 個別の指導計画の作成例

　ここではＢさんの個別の指導計画の作成例を示します。学校、学級、児童生徒の実態等によって作成の仕方はさまざまでしょうから、ここでは基本的な枠組みだけを示します。Ｂさんは小学校５年生の男子で、自閉スペクトラム症と診断されています。文字を書くことにも困難があり、通常学級に在籍しています。

　本人は「友だちと仲良く遊べるようにしたい、漢字がもっと書けるようにしたい」、保護者は「社会性や生活力、漢字や文章を書く力を身につけさせたい」という願いがあります。この願いのもと、個別の教育支援計画で合意して記入された合理的配慮の内容は、次のとおりです。

　(1) 学習や生活面では言葉だけの指示や説明ではなく、視覚的な情報を補う。
　(2) 書くことの困難を補うため認知特性に応じた指導内容・方法を工夫する。
　(3) 感覚過敏があるので、とくに大きな声や本人の嫌いな音等に注意する。
　(4) さまざまな活動を行う上で段階や手順を視覚的に明らかにして示す。

　これらをもとに作成した個別の指導計画の例を図5-5に示します。
　以上、この章では個別の教育支援計画と個別の指導計画について述べてきました。両方とも障害のある子どもの支援の上でなくてはならないものですが、第２節でも書いたように、シンプルで役に立つものにすることがポイントです。多忙な業務の中で、これらの作成にかける労力はかなりのものになります。作成のためだけに時間をとられ、子どもと接する時間が少なくなってしまっては本末転倒です。短時間で有効な支援計画が作れるような工夫と共に、担任や一部の教員だけに負担がいかぬよう、校内の協力体制、管理職のリーダーシップ等が大切になってくると思います。

図 5-5　個別の指導計画の例

個 別 の 指 導 計 画 （前 期）　　担任氏名 （

学年・組	5 年 1 組	氏名	○○○○

> 実態に応じて身体・運動面等の項目を入れてもよいでしょう。

	児童・生徒の実態（支援が必要な内容）
学習面	・文章や漢字を書くことが苦手で、漢字は小 3 までの半分程度が ・板書内容をノートに書き写すのに時間がかかり写し間違いが多い。 ・場面を想像すること等が苦手だが、写真や絵図で理解することは得意。
生活面	・大きな声や音が苦手で、ガヤガヤした所では不安定になり怒り出したりする。 ・説明や指示を聞き逃すことがあり、自分勝手な判断で行動してしまう。 ・時間割や教室等、予定の急な変更に対応できず、気持ちが混乱してしまう。
対人面	・相手との距離がとれず、近づきすぎて嫌がられたりすることが多い。 ・自分のことばかりしゃべってしまい、話し出すとなかなか止まらない。 ・場の状況や雰囲気が感じ取れず、場違いなことをしてしまうことが多い。
専門機関の意見等	視覚的な情報は取り込みやすい。聴いて覚えることは苦手。知識は豊富で、辞書的な表現は得意。知識をもとに思考する力はあるが想像するのが苦手。
長期目標（学年）	・文章や漢字を書く力を高め、学習に自信を持って取り組める。 ・気持ちを安定させて社会性や生活力を身につける。
短期目標（学期）	・学習に必要な基礎的な漢字を身につける。 ・不安や嫌な気持ちになったときは手を挙げて伝えることができる。

> 目標は数多くある中から優先度、重要性を考慮し絞ります。

	指導目標	指導内容・方法、手立て	活動の様子・評価
学習面	・小 3 までの漢字の 8 割以上が書ける。 ・学習に意欲を持って楽しく取り組める ・自分の取り組みやすい学び方を知る。	・取り出し指導で漢字絵カード等利用し覚える。家庭と連携し 1 日 2 つ覚える。 ・表現には口述やパソコン機能を利用し理解には写真や絵図を補助的に示す。 ・ノートのマスは大きめにし、板書はワーク形式でポイントだけ記入する。	他の児童に遅れなくなった。
生活面	・不安定になった時には自分から訴えて避難できる。 ・手順等わからない時は手を挙げたり人に聞いたりできる。	・感覚過敏に配慮し、訴えがあった時はクールダウンできる場所を用意する。 ・説明や指示の際は事前に注意を促すと共に文字化や図示する。説明後は復唱などにより本人の理解を確認する。 ・モデルになる児童を近くに配置する。	自分から訴えることが増えた。 視覚化することで理解がよくなり混乱する場面が減ってきた。
対人面	・相手の立場や状況を考え、関わり方を考えられる。 ・トラブルになった時はその場面を振り返って考えられる。	・ソーシャルカード等を用いて場面を描いた絵の状況や心情を一緒に考える。 ・友だちと話す時は 50 センチ以上離れるなど具体的な約束事を一緒に決める。 ・その状況に至った経緯を図示する等して一緒に考える。	相手の気持ちや自分の行動を振り返ることができるようになってきた。 一緒に考えるのが重要だった。

> 必要に応じて国語・社会等の教科ごとの項目にしてもよいです。

Chapter **6**

特別な配慮を要する幼児児童生徒

　現行の新しい学習指導要領（平成29年告示）には、その総則の中に新しく「特別な配慮を要する児童（生徒)」という項目が設けられました。小学校の場合、「特別な配慮を要する」子どもの対象としてそこには「障害のある児童など」「海外から帰国した児童・日本語の習得に困難のある児童」「不登校児童」が挙げられています。

　本書ではここまで「障害（病弱児含む）のある児童など」について詳しく述べてきましたので、この章ではそれ以外の配慮を要する子どもについて解説していきたいと思います。それは「海外から帰国した子どもを含む日本語の習得に困難がある子ども」や不登校の子どもだけでなく、非常に幅が広く多様化しています。園や学校で働く教職員やそれを目指す学生、また教育関連事業者の皆さんは「配慮を要する子どもがこんなにたくさんいるのか」と驚かれるかもしれませんが、それが現代の多様な社会の現実です。教員等の力だけで彼らをサポートすることが困難なのであれば、地域や関係機関の力を借りながら、ここでもやはりユニバーサルデザイン教育を目指していくことが重要になります。

 1 　指導要領にある「配慮を要する子ども」

1．海外から帰国した子ども
少し前までは「海外帰国子女」などという言葉が使われていましたが、社会

がグローバル化する中で、保護者が海外で仕事をする関係で一時的に日本を離れ、現地の言葉で教育を受けた子どもたちが帰国した際、日本の学校に転入し日本語の壁に悩むケースなどが増えています。

　文科省「日本語指導が必要な児童生徒の受入状況等に関する調査結果」（令和3年度）では「日本語指導が必要な日本国籍の児童生徒数は10,688人で前回調査より317人増加（3.1%増）」となっています。平成28年度の「学校基本調査」では9,612人となっていましたから5年間でおよそ1,000名の増となっています。

　なお、ここでいう「日本語指導が必要な児童生徒」とは「日本語で日常会話が十分にできない児童生徒、もしくは、日常会話ができても学年相当の学習言語が不足し、学習活動への参加に支障が生じている児童生徒を指す」となっています。そのような児童生徒の中で日本国籍を持つ児童生徒が10,688名ということです。

　このような子どもたちに対し、学習指導要領には「海外から帰国した児童などについては、学校生活への適応を図るとともに、外国における生活経験を生かすなどの適切な指導を行うものとする」と書かれています。では「適切な指導」とは具体的にどのようなことをいうのでしょう。

　文科省では特別に予算を組んで、そのような子どもたちに対して日本語指導を行う教員の雇用を支援したり教員研修を充実させたりしていますが、学教法施行規則ではこのような子どもたちに「特別の教育課程」を実施してもよいことになっています。「特別の教育課程」とは「日本語指導が必要な児童生徒について、当該児童生徒の在籍学級以外の教室などで行われる特別の指導であって、指導の目標及び指導内容を明確にした指導計画を作成し、学習評価を実施するものを指す」とされています。つまり、在籍する通常の学校の授業から抜けて、あるいは授業のない時間帯に他の教室（日本語指導教室など）で言葉の学習をしてもよいということです。

　とくに欧米と日本の教育事情や価値観が大きく異なるため、戸惑う子どもたちが多くみられます。欧米では自分の意見をはっきり言いながら、意見の違い

を超えて友人関係を育むことが多いようですが、日本では最近では大人も子どもも、相手の顔色を窺ったり周囲に同調することを良しとしたりして、自らの意見を公には表明しない風潮があります。その違いに戸惑い、自分の意見をはっきり伝えたために学級で仲間外れにされるなどという課題も発生しているようです。

　本人の努力ももちろん必要ですが、多様な意見、考え、価値観を認め合い、その人の考え方が異なるだけで集団から排除するようなことはあってはなりません。このような子どもを受け持つ教員は、多様な価値観を認め合える学級経営を心がけてください。

2. 日本語の習得に困難のある子ども

　海外から帰国した子どももそうですが、ここではもともと海外で生まれ育った外国籍の子どもが、保護者の事情（就労、留学等）により日本に移住したケースについて説明します。

　同じく「日本語指導が必要な児童生徒の受入状況等に関する調査結果」（令和3年度）では「日本語指導が必要な外国籍の児童生徒数は 47,619 人で前回調査より 6,864 人増加（16.8% 増）」となっています。平成 28 年度の「学校基本調査」では 34,335 人となっていて、同時期のいわゆる「コロナ禍」という社会状況を考えても、5 年間 13,000 名増という数字には驚かされます。ちなみに母語としてはポルトガル語が全体の 4 分の 1 を占め、以下中国語、フィリピノ語（フィリピン）、スペイン語などとなっています。この 4 母語で全体の 4 分の 3 を占めます。日本人が小学校から学び始める英語を母語として使用している子どもは少なくなっています。第二母語として英語を使用している諸外国もありますが、子どもにとってもっともコミュニケーションしやすいのは母語であり、それを理解できる教員は現状ではきわめて少ないといえるでしょう。もちろん保護者も海外から来た人たちなので、学校とうまくコミュニケーションできているケースは少ないかもしれません。

　学校での対応については前項の海外から帰国した子どもと同様の扱いです。

学習指導要領には次のような記載があります。「日本語の習得に困難のある児童については、個々の児童の実態に応じた指導内容や指導方法の工夫を組織的かつ計画的に行うものとする。特に、通級による日本語指導については、教師間の連携に努め，指導についての計画を個別に作成することなどにより、効果的な指導に努めるものとする」

　海外から帰国した子どもへの対応と特徴的な違いが1点だけあります。メディアでも取り上げられ話題になりましたが、外国から来た子どもの場合、学校の判断で特別支援学級で学んでいるケースが報告されていることです。2018（平成30）年6月24日付の朝日新聞には次のような記事が掲載されています。

　　　「ブラジル人ら外国人が多く住む地域の小学校で、外国人の子どもが日本人の2倍以上の比率で障害児らを教える特別支援学級に在籍していることが、民間団体の調査でわかった。日本語が十分にできないために障害があると判断され、特別支援学級に入れられている例もある」

　「日本語指導が必要な児童生徒の受入状況等に関する調査」では初めて特別支援学級における日本語指導が必要な児童生徒数」の確認が行われ、特別支援学級で学ぶ外国籍の児童生徒数が2,199人、日本語指導が必要な日本国籍の児童生徒数は505人いることが明らかとなりました。

　特別支援学級の対象者として学教法81条では「その他」として知的障害や肢体不自由以外に「障害のある者で、特別支援学級において教育を行うことが適当なもの」が認められています。障害者手帳の有無は関係ないので、自治体によっては日本語が話せないため障害の有無が判明しづらいことから「障害があるかもしれない」との推定でこのような措置をとっているのかもしれません。もちろん、通常の学級の授業が理解できず、特別の教育課程による「日本語指導教室」の利用だけでは改善されないとの考えがあってのことだと思います。

　しかし、新聞でも報じられたように、本来の特別支援学級の目的とは大きく

異なります。法的な問題が発生するかもしれません。とはいえ、日本語指導教室の設置が予算的に困難な自治体・学校があるのも事実です。であれば特別支援学級で少人数の指導をした方が効率よく海外から来た子どもたちの教育を進めることができる、との判断も理解できます。

2019（平成31）年4月からは出入国管理法が改正され、それから5年の間に種々の条件づきながら多くの国から日本語を知らない子どもたちが保護者に伴って来日するでしょう。その時のために教育関係の法律や制度を整備していく必要があるように思います。

3. 不登校の子ども

（1）不登校について

文科省は不登校を「何らかの心理的、情緒的、身体的あるいは社会的要因・背景により、登校しないあるいはしたくともできない状況にあるために年間30日以上欠席した者のうち、病気や経済的な理由による者を除いたもの」と定義しています。単に病気や家庭の事情で年間30日以上欠席がある場合は長期欠席と呼びますが、そのような事情とは異なり、友人関係や教員との関係、または家庭に起因する課題などが原因で学校に行きたくない、あるいは行きたいと思っても体が動かないようなケースで年間30日以上欠席することを不登校と呼びます。

ただ、2016（平成28）年に成立した「義務教育の段階における普通教育に相当する教育の機会の確保等に関する法律」（以下「教育機会確保法」と略）では不登校を「相当の期間学校を欠席する児童生徒であって、学校における集団の生活に関する心理的な負担その他の事由のために就学が困難である状況」と定義しています。とくに30日以上と限定していません。確かに欠席29日までは不登校といえないという解釈はおかしいかもしれません。欠席日数にかかわらず学校に行きたくても行けない日が続けば不登校と呼んでもよいでしょう。

文科省「令和3年度児童生徒の問題行動・不登校等生徒指導上の諸課題に関する調査結果及びこれを踏まえた対応の充実について（通知）」では小・中学

校の不登校児童生徒数が約 244,940 人が存在し、「コロナ禍」という状況も相
まって、学校では「組織的対応を行い、外部の関係機関等とも積極的に連携し
て対処するなど、きめ細かな対応」を行うようにとの通知がありました。

　その前年度には 196,127 人の不登校があり、令和 3 年度には 48,813 人（24.9%）
の増加であり在籍児童生徒に占める不登校児童生徒の割合は 2.6%、つまり 35
人学級であれば 1 学級に必ず 1 人は不登校状態になっているということがい
えます。小学校では 81,498 人（全体の 1.3%）、中学校では 163,442 人（5%）と
なっていて、中学性に関しては 20 人に 1 人が不登校になっています。

（2）教育機会確保法

　これまで不登校に対しては文科省、各自治体の教育委員会とも「登校復帰」
を第 1 目標に掲げ、学級担任など教員の取り組み強化や相談機関の充実、また
は不登校の子どもが決められた学校・学級以外に通える「適応指導教室」（教
育支援センター）の整備などに力を入れてきました。しかし、増加傾向を見れ
ばこれだけでの対応では不十分であることが理解でき、新しく法律を作り不登
校に対応することとなったのです。

　教育機会確保法では都道府県、市町村などの自治体が「不登校児童生徒に対
する教育の機会の確保、夜間その他特別な時間において授業を行う学校におけ
る就学の機会の提供」「その他の義務教育の段階における普通教育に相当する
教育の機会の確保及び当該教育を十分に受けていない者に対する支援」を推進
することが定められました。学校に行きたくとも行けない子どもたちのために
フリースクール、サポート校などと呼ばれる学校以外の教育機関への通いを
「学校への登校」と認めることなどが記されています。

　この法律は「不登校は誰にでも起こりえる。だからこれは教育課題ではな
い」という前提で不登校対応を進めることになっています。そして学校に来れ
なくても他の教育機関に通えば「出席」と認める（学校長の判断が必要ですが）
ことなども明記されています。確かにこの規定に従えば不登校の数は減少する
かもしれません。

しかし、実際に学校に行きたくとも行けずに悩んでいる子どもたちの存在を「教育課題」ではないとし、ほかの場所へ行けば「出席」と認めることになれば、その子どもたちの悩みや苦しみに正面から向き合おうとする教員が減ってしまわないでしょうか。学校への登校を促すことは絶対ではありませんが、少なくとも教員が教え子やその家庭の困難に向き合う必要はあると思います。教育機会確保法の危ういところです。

（3）不登校の子どもへの配慮
　学習指導要領では不登校について次のように示されています。

　　「不登校児童については、保護者や関係機関と連携を図り、心理や福祉の専門家の助言又は援助を得ながら、社会的自立を目指す観点から、個々の児童の実態に応じた情報の提供その他の必要な支援を行うものとする」

　以前は不登校は子どものわがまま、家庭の教育力不足など本人たちの努力や認識が不十分なために発生するとみなされることが多かったのですが、実は多面的な背景要因があることがわかってきました。いじめや仲間外れなどによる友人関係によるものや教員に対しての恐怖感や不信感などの情緒的な課題のほか、発達障害の二次障害（発達障害があるために発生する二次的な困難）や「心の病」（子どもの精神疾患）、あるいは本人も周囲も気づかない身体の病的な異変（脳脊髄液減少症などの新しく認知され始めた病気）、または貧困や虐待などの家族要因、あるいはこれらが複雑に絡み合っている要因などが報告されています。
　これらの背景要因に対し、教員の知識や技術だけで対応することは困難な状況にあります。そこで学習指導要領では「心理や福祉の専門家の助言又は援助」を得ることを示しています。現在、心理の専門家であるスクールカウンセラー、福祉の専門知識を有するスクールソーシャルワーカーなどが定期的に学校を巡回することが多くなっています。教員が彼らの意見を聞きながら、場合によってはアドバイスを得て不登校に対応していく必要があります。

また学習指導要領には次のような記載もあります。「相当の期間小学校を欠席し引き続き欠席すると認められる児童を対象として、文部科学大臣が認める特別の教育課程を編成する場合には、児童の実態に配慮した教育課程を編成するとともに、個別学習やグループ別学習など指導方法や指導体制の工夫改善に努めるものとする」

　あくまでも学習指導要領なので、学校外での活動には触れていませんが、ここでまた特別の教育課程という言葉が出てきています。日本語指導同様、それは「当該児童生徒の在籍学級以外の教室などで行われる特別の指導であって、指導の目標及び指導内容を明確にした指導計画を作成し、学習評価を実施するものを指す」ことであり、不登校の子どもは学習が遅れたり人間関係上の課題や心の課題を背負っていたりしますので、場合によっては在籍している学級以外の教室（適応指導教室など）で実態に応じた学習を取り入れなければなりません。

　ただ通級指導教室や適応指導教室などを設置する場合にどうしても「どの教員がそこで専門的な指導を行うことができるのか」あるいは「そのような教室を担当する人手は足りているのか」といった点が課題になってきます。法律や制度があるから開設されて当たり前、ということでもないのです。財政上、あるいは環境上（そのような教室を置く余裕が校舎にあるか）の観点からも社会的な共通理解が必要だと思います。

▲2▲　それ以外の配慮を要する子ども

1．貧困家庭の子ども

　「貧困」は社会のキーワードになりつつあります。2013（平成25）年に成立した「子どもの貧困対策の推進に関する法律」（以下「貧困対策法」と略）第1条では、法の目的として「この法律は、子どもの将来がその生まれ育った環境によって左右されることのないよう、貧困の状況にある子どもが健やかに育成される環境を整備する（後略）」と示しています。では子どもの貧困とはどの

ような状況のことをいうのでしょう。

　内閣府経済社会総合研究所の研究者がまとめた論文「日本の子ども貧困分析」では貧困を次のように説明しています。

　　「貧困には大きく分けて、相対的貧困と絶対的貧困という二つの尺度が存在する。相対的貧困とは、ある国や地域の中で、平均的な生活レベル（中位所得）よりも、著しく低い水準に置かれている状態を言う。（中略）一方で絶対的貧困とは、その国で人間が文化的な生活をするのに必要な最低限の所得が満たされていない状態のことを言う」

　厚労省が 2022（令和 4）年 9 月に発表した「2021（令和 3）年版国民生活基礎調査の概況」によれば、子どもがいる世帯の平均所得金額は 813 万 5 千円（2020 年度）だということです。一見するとかなり高額のように思われますが、教育費がかかる子どもが複数いる世帯で両親が共働きにあるとこの額になるかもしれません。これを大きく下回る家庭が貧困家庭です。

　2017 年度の同調査結果では日本では全世帯のうちの 15.7％が相対的貧困であり、両親と子ども 2 人の世帯収入が年収 300 万円レベル以下だと相対的貧困家庭と呼んでよいようです。父親の月収が 25 万円で母親が専業主婦、子ども 2 人の家庭でも相対的貧困と呼ばれるということです。絶対的貧困と異なり今すぐ衣食住に困る状況ではないものの、子どもの教育費などに余裕がないため学習塾等が利用できずに成績が芳しくなかったり、食も安くてお腹いっぱいになる炭水化物中心のメニューとなるため肥満傾向となったり、遊びの選択肢が少ないため休みの日は 1 日中家庭の中で携帯ゲームに興じたりしてしまいます。このような子どもたちに対し民間では「子ども食堂」と呼ばれる支援の動きが活発化しています。栄養のバランスがとれた安価な、あるいは無料の食事を用意し、訪問してきた子どもに対し教育を提供したり話し相手になったりするなどして心や身体のケアを行うものです。自治体によっては朝食を抜いて登校してくる子どものために「朝ごはん給食」を提供する学校も出てきているよ

うです。

　貧困だからといって教育面で特別な配慮を要することはないかもしれません
が、少なくとも教員はその子どもの家庭状況をしっかり理解し、子ども自身に
悩みがあるならば相談に乗ったり、食が偏って健康に影響が出てきたりすれば
保護者と話し合ったりするなど、常に見守り続ける必要はあると思います。

2. LGBTQ の子ども

　2016（平成28）年 4 月、文科省は教職員向けに「性同一性障害や性的指向・性
自認に係る、児童生徒に対するきめ細かな対応等の実施について」というパン
フレットを作成し全国の学校に配布しました。一般的にはこのパンフレットの
タイトルが指す性的マイノリティ者を「LGBT」と総称していましたが、2022
年 12 月に改訂された文科省「生徒指導提要」では次のようにも書かれていま
す。「LGBT のほかにも、身体的性、性的指向、性自認等の様々な次元の要素
の組み合わせによって、多様な性的指向・性自認を持つ人々が存在します。な
お、Sexual Orientation（性的指向）と Gender Identity（性自認）の英語の頭文
字をとった「SOGI」という表現が使われることもあります」。また「LGBT」に
「Q」（Queer、Questioning など。性自認が定まらない人）を含め「LGBTQ+」と
総称する場合もあります。ただ、一般的にはいまも「LGBT」と呼ばれること
が多くありますので、ここでは「LGBT」と表記することにします。

　性同一性障害とは医学用語であり、もっと幅広く「心と体の性別に差がある
人」のことをトランスジェンダー（Transgender）といい、性同一性障害もここ
に含まれます。「LGBT」の最後の「T」がこれに当たります。簡単にいえば男
性の身体を持っていても心は女性である、あるいはその反対の状況をいいます。
レズビアン（Lesbian）は女性を愛する女性、ゲイ（Gay）は男性を愛する男性、
バイセクシャル（Bisexual）は性別に関係なく愛を感じる人を指しますが、専門
的にはそれぞれもう少し深い意味合いを持っていますので、関心がある場合は
専門書で調べてみてください。これらの頭文字を合わせたのが LGBT です。

　このパンフレットでは性同一性障害を「生物学的な性と性別に関する自己意

識が一致しないため、社会生活に支障がある状態」であると説明しています。そしてそれを含む LGBT の子ども全体に対し学校で配慮をする必要性が述べられています。2014（平成 26）年の調査によれば全国の学校で LGBT の子どもに関する教育相談が 606 件あったそうです。これはごく一部の数字であり、人に言えず悩み傷ついている潜在的な LGBT の子どもはもっとたくさんいるでしょう。そのような子どもたちへの具体的な配慮事項について、文科省は表 6-1 のように細かなところまで要求しています。

　少し前の時代まで LGBT の人々は理不尽な差別や偏見の対象でした。人権意識が進んでいるといわれている欧米でも、これらの人々の権利がなかなか守られないところもあるようです。日本でも学校で女性っぽいしぐさをする男児を子どもたちが「オカマ」などと呼びからかうことが多くみられました。

　しかし、障害にしろ経済状況にしろ性別にしろ、今は多様な価値観が認められる、いや認められなければならない時代です。教員やそれを目指す学生、教育関係者の皆さんもそれを自覚し、他人の生き方を面白おかしく否定したり「わざとやっている」と怒ったりするのでなく、一人一人の子どもたちとしっかり向き合い、その生き方を認め、支えていけるようにしてください。

表 6-1　性同一性障害に係る児童生徒に対する学校における支援の事例

（文部科学省「性同一性障害に係る児童生徒に対するきめ細やかな対応の実施等について（通知）」平成 27 年 4 月より作成）

項　目	学校における支援の事例
服　装	自認する性別の制服・衣服や、体操着の着用を認める。
髪　型	標準より長い髪型を一定の範囲で認める（戸籍上男性）。
更衣室	保健室・多目的トイレ等の利用を認める。
トイレ	職員トイレ・多目的トイレの利用を認める。
呼称の工夫	校内文書（通知表を含む。）を児童生徒が希望する呼称で記す。自認する性別として名簿上扱う。
授　業	体育又は保健体育において別メニューを設定する。
水　泳	上半身が隠れる水着の着用を認める（戸籍上男性）。補習として別日に実施、又はレポート提出で代替する。
運動部の活動	自認する性別に係る活動への参加を認める。
修学旅行等	1 人部屋の使用を認める。入浴時間をずらす。

3. 虐待されている子ども

　虐待とはさまざまな辞書で「むごい扱いをすること」と説明されています。現代風にいえば「立場が上だったり力（力関係）が強かったりするものが弱いものに対して行うさまざまな否定的な対応」となるでしょうか。高齢者が若い人から、障害がある人が障害のない人から暴力や暴言を受けることがそれに当たるでしょうか。企業などで上司から部下に対して行われる否定的行為はパワーハラスメント（パワハラ）などと呼ばれますが、それよりももっと強いイメージで相手の心や体を蝕んでしまう行為かと思います。

　保護者などの大人が立場の弱い子どもに行う虐待は児童虐待です。2000（平成12）年に成立した児童虐待防止法では児童虐待の種類を次のように分類しています。

児童虐待防止法
　【児童虐待の定義】
　　第2条
　　　一　児童の身体に外傷が生じ、又は生じるおそれのある暴行を加えること。
　　　二　児童にわいせつな行為をすること又は児童をしてわいせつな行為をさせること。
　　　三　児童の心身の正常な発達を妨げるような著しい減食又は長時間の放置、保護者以外の同居人による前二号又は次号に掲げる行為と同様の行為の放置その他の保護者としての監護を著しく怠ること。
　　　四　児童に対する著しい暴言又は著しく拒絶的な対応、児童が同居する家庭における配偶者に対する暴力（配偶者（婚姻の届出をしていないが、事実上婚姻関係と同様の事情にある者を含む。）の身体に対する不法な攻撃であって生命又は身体に危害を及ぼすもの及びこれに準ずる心身に有害な影響を及ぼす言動をいう。）その他の児童に著しい心理的外傷を与える言動を行うこと。

　抵抗できない弱い子どもへの物理的な暴力（身体的虐待）、わいせつな行為（性的虐待）、放任（ネグレクト）、そして父親または母親、あるいはそのような婚姻関係にはない男女がその相手に対し暴力を振るうなどして目撃した子どもの心に傷をつけること（心理的虐待）が児童虐待であると定義しています。

　このような虐待を受けた子どもにはどのような影響が出るのでしょう。少し古い資料ですが2007（平成19）年に改正された厚労省「子ども虐待対応の手引き」には次のようなことが書かれています。「虐待の子どもへの影響としては、

死亡、頭蓋内出血・骨折・火傷などによる身体的障害、暴力を受ける体験からトラウマ（心的外傷）を持ち、そこから派生する様々な精神症状（不安、情緒不安定）、栄養・感覚刺激の不足による発育障害や発達遅滞、安定した愛着関係を経験できないことによる対人関係障害（緊張、乱暴、ひきこもり）、自尊心の欠如（低い自己評価）等、様々な内容、程度がある」

　身体への暴力を受ければ当然ケガや障害を負うことがあり、場合によっては亡くなってしまう事例も少なくありません。それだけでなく暴力を受けることによって「心の病」になることもあります。また暴言を受け続けたり食事を抜かれたりすることによって発育に影響が出たり、知的発達が遅れたり、反応性愛着障害（RAD）と呼ばれる状態になることもあります。

　WHO（世界保健機関）の診断ガイドラインでは反応性愛着障害について次のように説明しています。

　　「別離や再会のときに最も明瞭となる、ひどく矛盾したあるいは両価的な社会的な反応を現す。たとえば、幼児は視線をそらしながら近づいたり、抱かれている間とんでもない方向をじっと見ていたり、養育者がなだめても、近づいたり避けたり逆らったりして複雑な反応を示す。情緒障害は明らかなみじめさ、情緒的反応の欠如、床にうずくまるなどの引きこもり反応、および／または自分自身や他人の悩みに対する攻撃的な反応で示される。はげましても効果がない恐れと過度の警戒（しばしば「凍りついた用心深さ」といわれる）が生じる場合もある。大部分の例で仲間たちとの相互交流に興味をもつが、しかし陰性の情緒反応により一緒に遊ぶことは妨げられている」

　少し難しい表現もあるので、かいつまんで説明すれば、子どもらしく視線を合わせて保護者などの大人に愛情を示すなど、通常の子どもがするような愛着行動を取ることが難しく、感情が乏しかったりあるいは激しすぎたり、人間関係を上手に育みづらい様子ということになるでしょう。それは本来受けるべき親からの愛情が乏しく、あるいは逆に否定的に育てられたため、人への接し

方、愛情の求め方などがわからないまま成長し、あるいは暴力や暴言を受けたことによって脳機能の発達が阻害されたり傷つけられてしまったりして、さまざまな行動や心理に影響が出ます。

　これは発達障害と症状が似ているため医療機関でも見分けがつかない場合があります。もともと発達障害があったためにそれに理解を示さない保護者から否定的な対応をされたか、逆に否定的な対応をされたために愛着障害となり発達障害的な症状が出たのかの判別が困難です。いずれにせよ、上記のような特徴がある子どもに対しては、家庭としっかり連携を取るなどして、もし虐待の可能性が疑われるなら早期の教育相談に結びつけ、場合によっては学校として児童相談所へ通告する必要も出てきます。ちなみに児童虐待防止法では、虐待の可能性を発見した者は第6条「児童虐待に係る通告」の中で「速やかに（中略）福祉事務所若しくは児童相談所に通告しなければならない」と義務づけられています。教員の場合は、学校管理職と相談の上、教員個人ではなく「学校として」通告したほうがよいでしょう。

　仮に虐待されている事実が判明したら、教員は心のケア、体のケアなど特別な配慮を心がけなければなりません。その上で、子どもの自己肯定感を高めるために場合によっては特別の教育課程を用意する必要があります。反応性愛着障害などが認められれば特別支援学級に籍を移したり通級指導教室を利用させることもできます。文科省の研修教材「児童虐待防止と学校」には学校でできる教育として次のような内容が挙げられています。

【虐待を受けた子どもへの対応の骨格】
① 学校は安全な場所だと伝える
② 感情を許容される方法で表現させる
③ 適切な社会的行動のスキル獲得を支援する
④ 自己イメージと他者イメージを回復させる
⑤ 自分が変われたという自覚を持たせる

子どもに安心感を持たせながら自己肯定感を高め、他者との関わりを学ぶプログラムです。2022（令和4）年9月に公表された厚労省の「児童相談所での児童虐待相談対応件数〈速報値〉」によれば「令和3年度中に、全国の児童相談所が児童虐待相談として対応した件数は207,659件（速報値）で、過去最多」ということです。1990（平成2）年の調査開始時には全国で1101件だった虐待の相談件数は、約30年間でなんと188倍にもなっています。混沌とした社会で、親である大人たちも悩み苦しんでいるのかもしれませんが、親がいなければ生きていけない子どもたちは虐待する親たちにどうにも抵抗できず、それでも「お父さん、お母さんが好き」と語り、虐待されているのは自分が悪い子だからと信じている。そんな子どもたちを救えるのは、もっとも身近な大人である園や学校の教員や子どもに関わる教育関係者だけではないでしょうか。正しい知識をしっかり学び、児童虐待の早期発見、早期対応に努めてみてください。

4. 病気の子ども

　病気の子どもは制度からいえば特別支援教育の対象であり、本書でもそう取り上げてきましたが、通常の学級にかなりの数の病気の子どもが存在する事実に鑑み、あえて本章でも取り上げることとします。ちなみに発達障害傾向がある子どもは何度も示す通り文科省の調査で通常の学級に6.5％存在することが明らかになっています。ところが慢性疾患や難病がある子どもはこの数を大きく超えて存在しているのです。

　2021（令和3）年度学校保健統計調査（文科省）によれば、小児喘息の子どもは小学校で全体の3.27％、中学校で2.31％、アトピー性皮膚炎が同じく3.20％と2.95％、心電図に異常（何らかの心臓疾患の可能性）があるものは2.50％と3.07％、尿検査で蛋白が検出された（何らかの腎臓疾患の可能性）ものが0.87％と2.80％です。病気が重複していたり、病気の可能性はあるものの症状としては重くない子どもなどもいますが、単純にこの4つを足してみると、小学校で約10％、中学校で約11％の子どもに何らかの慢性疾患があることが明らかになります。通常の学級の10人に1人が病気で悩んでいます。

さらに 2023（令和 5）年 6 月に日本学校保健会が公表した「令和 4 年度アレルギーに関する調査報告書」では全国の小中学校、高校約 25,000 校に 6.3％の食物アレルギーの子どもが存在し、10 年前の調査結果（4.5％）から 1.5 倍に増加したことが明らかになりました。アレルギーの原因となる食物は鶏卵、果物類、甲殻類、木の実類、ピーナッツなどが多いようですが、アレルギー発作であり生命にかかわるような重篤なアナフィラキシーショックを起こしたことがある子どもは全体の 0.6％で、学校給食での注意や発作時の教職員の初期対応がより重要になっています。

　これ以外にも数は少ないですが小児がん、筋ジストロフィーなどの神経疾患、てんかん発作、血液疾患、糖尿病などの子どもたちもいます。最近では「怠け」「仮病」と誤解されてしまう脳脊髄液減少症、慢性疲労症候群などの新しく注目を浴び始めた病気も確認されています。

　これらの子どもたちにも当然のことながら特別な配慮が必要です。病気の種類や症状、病気の進行状況や性別、年齢などの個人差によりその方法はさまざまですが、たとえば食物アレルギーであればアレルゲンを除去した給食を提供する、喘息であれば発作時の対処方法を教員が理解しておく、心臓疾患や腎臓疾患の場合は運動制限のレベルについて学校生活管理指導票（主治医が学校に子どもの活動制限について指示をする文書）を参考にして教育方法を工夫するなど、やはり一人一人に応じた対応が必要になります。

　喘息やアレルギーに対しては教室環境を清潔に保ったり、日射の状態や教室内の室温や湿度に気を配ったりするなど、今すぐできることもたくさんあります。また病気の子ども本人や家族の了解があれば、周囲の友だちに病気への理解とサポートを働きかけることも大切です。教員が不在の時に教室で食物アレルギーの子どもがアナフィラキシーショックを起こした場合、あるいはてんかんがある子どもが発作を起こした場合など、友だちがすぐに職員室に教員を呼びに行くような対応ができれば、子どもが命を落とさずに済みます。

　また小児がんの場合、治療の副作用で頭髪が抜け落ちたり、腎臓疾患であるネフローゼの場合には同じく治療の副作用でムーンフェイスと呼ばれる顔のむ

くみの症状が出たりして、周囲から奇異な目で見られてしまい、病気の子ども
が閉塞感や自己否定感を強めてしまうことがあります。そのようなことにならないための学級指導が必要です。

　すでによく知られていますが、食物アレルギーによるアナフィラキシーショックの場合、緊急時には学校の教員などがアナフィラキシー補助治療剤、商品名「エピペン」と呼ばれる自己注射を使用することがあります。そのための研修会の開催や研修用ビデオや動画サイトで確認することを文科省や教育委員会は奨励しています。この方法を知っているかいないかで、子どもの命が左右されます。常に新しい情報を学ぶことが重要です。

　独立行政法人国立特別支援教育総合研究所のウェブサイトでは子どもによくみられる18種類の病気について通常の学級でどう対応すればよいかといった情報をまとめた「病気の子どもの理解のために」というパンフレットを無料でダウンロードすることができます。病気の子どもへの対応を知りたい場合は、この言葉で検索するとすぐにヒットします。ただ、これもすでに10年以上前の情報によりまとめられていますので、さらに最新情報を知るため文科省や厚労省からの通知などに注目し続ける必要があるでしょう。

5. 心の病（精神疾患）の子ども

　精神障害、精神疾患という用語がいまだに誤解を持って受け止められることがあります。そこでここでは「心の病」という言葉を使います。心の病も病気である以上、特別支援教育の対象であり、あるいは情緒障害教育の対象となるかもしれません。しかし、今後数が増えていく可能性があり、本章で再度特筆しておきます。

　心の病は一般的に大人だけがかかる病気と思われていましたが、昨今では子どもの心の病は決して珍しいことではなくなってきました。うつ病などの気分障害、パニック障害や強迫性障害などの不安障害、摂食障害、統合失調症、依存症などの子どもたちがいます。

　少し古い資料ですが、2010（平成22）年に厚労省の研究班が発行したパンフ

レット「子どものうつ病」には「欧米の調査では子どもの5〜8%がうつ病」「（日本では）小児の2%、思春期の4〜8%がうつ病」「18歳までに5人に1人の子どもがうつ病を経験」と紹介されています。思ったより多くの子どもにうつ病がみられることに驚かされます。

2021（令和3）年の文科省「児童生徒の自殺予防に係る取組について（通知）」では「直近の令和2年においては（中略）児童生徒の自殺者数は499人で、前年（399人）と比較して大きく増加、そのうち、女子中高生の自殺者数は209人で、前年（127人）と比較して約1.7倍となっています」と示されています。この通知では子どもの自殺防止策を各教育機関で徹底していくよう指示していますが、自殺要因の1つとしてはうつ病の悪化が知られており、教員が子どもの心の病に関する見識を高めることが重要です。

心の病への対応が難しいのは、子どもは大人と違い自分の心の不調を言葉にしづらく、たとえうつ病の症状があっても「元気が出ない」「気分が悪い」程度の表現しかしない場合があります。厚労省のウェブサイト「こころもメンテしよう」では子どものうつ病をチェックする項目として次のような内容を示し、このうち「5つ以上（1か2を含む）が2週間以上続いていたら、専門家に相談することをお勧めします」としています。気になる子どもに対し、この質問を大人が直接投げかけ、聞き取りをしながらチェックしていくとよいでしょう。

①悲しく憂うつな気分が一日中続く
②これまで好きだったことに興味がわかない、何をしても楽しくない
③食欲が減る、あるいは増す
④眠れない、あるいは寝すぎる
⑤イライラする、怒りっぽくなる
⑥疲れやすく、何もやる気になれない
⑦自分に価値がないように思える
⑧集中力がなくなる、物事が決断できない
⑨死にたい、消えてしまいたい、いなければよかったと思う

うつ病以外にもさまざまな心の病になっている可能性がある子どもがいます。ただ、教員は医師ではないので、診断を下すことはできませんし、もちろん治療などはできません。また心の病は脳の機能障害に由来するといわれていますが、もしそうだとしたら「がんばれ」「努力しろ」と叱咤激励することで改善する可能性は低く、むしろ症状を悪化させてしまう可能性もあります。

　「気づき」のポイントは、周囲の子どもと比較して明らかに行動や言動が極端であること、今までのその子どもと様子が変わっていること、不登校の場合は保護者から家庭での子どもの様子を聞き、先のチェック項目に当てはまっていないかを確認するなどです。自らの知識だけで判断が難しい場合は、学校の場合は管理職や養護教諭、それ以外の場合は市町村や都道府県が設置している教育センター、相談センターなどに問い合わせてみてください。

　心の病については保護者も何らかの偏見を持っている可能性があり、その可能性を直接指摘しても理解してもらえないことがあります。その場合、粘り強く丁寧に働きかけていくことが大事ですが、子どもに対してはさりげないサポートを始めなければなりません。声かけを多くして、見守っていることのメッセージを送り続けてください。

６．家庭にさまざまな課題を抱えている子ども

　文科省ウェブサイト「スクールソーシャルワーカー活用事業」では、この職種について「教育と福祉の両面に関して、専門的な知識・技術を有するとともに、過去に教育や福祉の分野において、活動経験の実績等がある者」と定義しています。具体的には子どもやその子どもの家庭に起きているさまざまな課題に対し教育面、福祉面など多面的なアプローチで解決を試みる専門職のことをいいます。

　同事業は 2008（平成20）年度から始まりましたが、それだけ子どもを取り巻く社会状況が混沌とし、以前では考えられなかったような問題が表面化して、学校や教育行政の努力だけではどうにも対応できないものが多くなったことが背景要因だと思われます。貧困家庭の子どもについては先に触れましたが、こ

の解決は学校や教育行政の努力だけでは難しく、生活保護などの社会福祉分野と連携しなければ対応できないでしょう。

　また、最近では医療の著しい発展を受けて身体の病気や心の病でも、長期間入院する必要がなくなったり、今までは死と向き合わなければならなかった病気が治ったり寛解（症状が落ち着くこと）したりするようになりました。その反面、家庭で日常的に接している保護者が病気で在宅治療をする中で、子どもは病気の保護者とどう向き合えばよいか、そのような子どもの心をどうケアしていけばよいかといった課題も浮上してきています。

　たとえば保護者ががんになった時、心の病になった時、子どもにとっては祖父母に当たる高齢者の介護を行う必要が生じた時、あるいは保護者に障害がある場合、外国人の場合なども特別な配慮が必要になることがあります。保護者の失業や離婚なども子どもは心を痛めるでしょう。ただ、これらはプライベートな情報に当たるので、子どもがそのような悩みを打ち明けたとしても、保護者の確認がなければ積極的に対応することはできません。まずは日ごろから保護者との信頼関係を築き、スムーズな情報交換ができる関係性を保ってください。

　また、障害や病気がある子どものきょうだいの場合、きょうだいの心のケアも重要になります。障害や病気がある兄弟姉妹がいることを友だちから興味本位に指摘されるなど辛い思いをしていることがあります。このような場合は学校全体で障害理解、共生社会に関する学びを進めていかなければなりません。

　教員はスーパーマンではありません。教員自身が自ら悩みを抱えていることもあります。だからといって子どもの前で悩んだ顔をし続けることもできませんが、ただ、学級担任などが自らの知識や能力だけでの解決が難しいと感じた場合は、積極的に校内の関係者や外部の他職種の専門家と連携し、解決に向けて動いていく必要があります。そして、受けた助言を具体的に教育活動に反映させていくことが「特別な配慮」です。

　なお、学校内部のさまざまな教員（学級担任、養護教諭、特別支援教育コーディネーター、スクールカウンセラー、スクールソーシャルワーカーなど）と連携

しながら対応していくことを文科省は「チームとしての学校」（チーム学校）という言葉で表現しています。同ウェブサイトでは「校長のリーダーシップの下、カリキュラム、日々の教育活動、学校の資源が一体的にマネジメントされ、教職員や学校内の多様な人材が、それぞれの専門性を生かして能力を発揮し、子供たちに必要な資質・能力を確実に身に付けさせることができる学校」と説明されています。

　これまでの学校は担任が学級の問題を 1 人で抱え込むことがよくありました。教員のプライドもあるでしょうし「あのクラスは良くできてこのクラスはだめだ」など学級のありようを比較するような見方をする教員もいましたから、できるだけ学級の課題を外部に明らかにしないような風潮がみられました。

　しかし、いじめや不登校の問題にしても特別支援教育にしても、担任だけでなく校内のさまざまな教員が情報を共有し、対応方法を統一して取り組んだ方が効率的、効果的に課題を解決できるのは確かです。通常の学級には入れない保健室登校の子どもの様子について養護教諭から情報を聞き、その様子について特別支援教育コーディネーターから意見をもらい、その内容によってはスクールソーシャルワーカーの助言を受けて行動する必要が出てくるかもしれません。その子どもに関わる教員を一堂に集めた「ケース会議」を開き、このような情報について意見交換すれば有効な手段が見つかるかもしれません。そのような対応をチーム学校と呼びます。

　ぜひこれからの教員はチーム学校（保育所や幼稚園も同様に）の理念を忘れずに、また教育関係事業者であれば個人情報の管理に留意しながら外部の専門家の助言を受けるなど、1 人の子どものために多くの力を結集して対応していってください。

7. 課題が複合している子ども

　不登校の子どもがいるとしましょう。なぜ不登校になったのか。学級でいじめや仲間はずれがあったのか、教員との人間関係が問題か、家庭に何かがあったのか。あるいは何らかの障害や病気が関係しているのか。可能性はさまざま

です。そしてその可能性ごとに異なった配慮をしていく必要があります。

　しかし、発達障害傾向があり、それが原因で友人関係に課題が生じ、保護者も障害傾向があることに気づかず学習を無理強いしている。家庭は相対的貧困状態にあり、心の病の治療を続けている家族がいる。また介護が必要な高齢者もいる。そして不登校になってしまった。このような場合はどうしたらよいでしょう。

　このように1つの課題の背景にはさまざまな可能性があるだけでなく、それらが複雑に絡み合っている場合があります。個人的には、ほとんどの課題の背景には1つや2つではなく、複数の要因があるように感じています。もつれた糸があるとほどくのが面倒になり、断ち切ったり強引にひっぱったりして、元の姿に戻すことが難しくなることがあります。それと同じく、複合的な背景要因を持つ課題がある子どもについては、対応できるものから順に1つずつ改善を目指していかなければなりません。根気や粘り強さが必要になります。

　そのためにも先に触れたチーム学校、ケース会議のような取り組みが重要です。教員が1人で対応するのでなく、複数で対応していけば、仕事や役割も分担でき、個人の負担は軽くなります。特別な配慮が必要な子どもの背景には数多くの事情が隠されている。そのことをしっかり覚えておいてください。

障害のある子ども サポートナビ

あるある Q&A

1．保育士・幼稚園の先生

Q1 乳幼児への特別な支援ではどのようなことに気をつけなければなりませんか？

A 　周囲が特別な支援の必要性を理解している場合（視覚障害、聴覚障害、肢体不自由、何らかの病気など）は保護者としっかり話し合い、コミュニケーションの方法や他の子どもとの触れ合い、活動内容、食事、場合によっては服薬などに配慮をお願いします。

　保護者が子どもの課題に気づいておらず、先生方が「あれっ？」と感じた場合は、まず管理職など園内の関係者に相談し、必要があれば専門機関などに問い合わせてみましょう。地域によっては外部の相談員などが様子を見に来てくれる場合があります。その上で保護者としっかり話し合い「気づき」を促してみてください。ただ、たとえば発達障害の場合、さまざまな診断基準をみても低年齢では見つけづらいことがうかがわれます。また、乳幼児は数多くの経験を経て成長しようとする発達段階にあるので、大人から見ると「えっ？」と感じるような行動をすることがよくあり、「課題があるのではないか？」と勘違いしてしまいがちです。

　特別支援教育に関する基礎知識を知った上で、子どもの発達段階についてもしっかり理解し、まずは特別な支援が必要かどうかをいろいろな方法で見極めてください。

Q2 発達障害がある乳幼児をどう見つければよいのですか？

A 「見つける」というよりも、日ごろの行動をしっかり観察し、そこから可能性を感じることができればよいですね。

じっとしていられない子どもについて、特別支援の知識があると「じっとしていられないのはADHDがあるからではないか？」と疑ってしまうことがあります。しかし、Q1でも述べましたが乳幼児はいつでもどこでも行動的です。むしろじっとしている子どもの方に課題があるのかもしれません。

ただ、園でも家庭でも、とにかくじっとしている時間が少なかったり、気にいったことに集中し始めると他の声が耳に入らなくなり、行動に移るように伝えても激しく抵抗したりすればその可能性はあるかもしれません。

同年齢の通常の子どもの行動パターンとは著しく異なること、それが激しすぎたり、まったくなかったりする場合には、園内の関係者に相談してみましょう。

文科省も発達障害については早期発見、早期対応が必要であるとしています。もし乳幼児の段階でそれを見つけることができ、いち早く本人に応じた支援が始まればその後の子どもの人生は大きく変わるかもしれません。

Q3 発達障害の可能性がある乳幼児がいたら、保護者にはどう伝えればよいですか？

A 園や学校に限らない共通した悩みですね。でも、保護者との関係を悪くしたくないからと黙っていれば子どもの困り感はどんどんと高まってしまうかもしれません。やはり必要なことはしっかり伝え、園や学校と保護者は子どもを支えるチームの一員として良好な関係を築いていくことが肝心です。

重要なのは、日ごろからの信頼関係づくりです。園や学校が情報を公開し、一方的に保護者に要求するのでなく常に話し合いながらさまざまなことに取り組んでいく姿勢があれば、重要なことも聞き入れてくれるはずです。

そして、特別支援教育について先生方だけでなく、保護者も一緒に正しい知識を身につける必要があります。それは決して「悪い子」や「ダメな子」の教育ではなく、一人一人に応じた方法で、その力を最大限に伸ばすことができる前向きな教育です。日ごろから誤解のないよう合同で研修会を企画したり、園・学校だよりで特別支援情報を連載したりするなどしてください。

　その上で専門機関の相談員などからも助言を得て、そして子どもに関する情報を前向きに正しく具体的にわかりやすく伝えてみてください。粘り強さや忍耐が要求されることもありますが、先生の熱意は必ず保護者に伝わるはずです。

2．小学校の先生

Q1 「小1プロブレム」ということを聞きますが、特別支援教育と関係はありますか？

A 　園から小学校に入学し、その環境の違いに戸惑ったり小学校の習慣や規則（45分授業の間は椅子に座っていないといけないなど）に馴染めなかったりする「小1プロブレム」という問題が注目されています。同様に「中1クライシス」「高1ギャップ」という言葉もあるようです。

　特別支援教育においては、環境の変化への戸惑いを最小限に抑えるため、移行支援という方法が用いられる場合があります。たとえば幼稚園にいる発達障害がある子どもが小学校に入学する際、入学前から小学校に通って環境になれ、先生と親しくなったり、また保護者の了解を得て幼稚園から小学校に子どもに関する情報を提供したりすると、本人も安心して学校に入学できます。それにより環境の変化をスムーズに乗り越えられます。

　そしてそれは障害がある子どもだけでなく、すべての子どもにも有効ではないかと考えられます。小1プロブレムは特別支援教育と直接的に関係する事情ではありませんが、移行支援など特別支援教育の方法を参考にすれば改善できたり軽減できたりするかもしれませんね。

Q2 合理的配慮は具体的にどのように考えていけばよいのですか？

A 合理的配慮とは障害がある子どもが通常の学級での授業や学校生活を送るうえで、障害があることにより学びづらさや生活のしづらさを感じないよう周囲が配慮をすることですね。理解しやすいのは、弱視など視覚障害がある子どもを教室の前列に座席を配置したり、難聴など聴覚障害がある子どもが補聴器を付けている時には先生がピンマイクを胸に付け、その言葉が直接補聴器に届くようなシステムを使ったりすることかと思います。

発達障害がある子どもの場合、学習障害で漢字の読み書きがわかりづらい時には配布するプリントの漢字にルビを振る、ADHD で集中することが難しい時には先生に近い座席を用意し、授業に集中しやすくするなどが考えられます。しかし、一口に弱視や難聴、発達障害といっても一人一人の状況や特性、学びづらさなどはすべて異なります。保護者または相談機関からの助言、専門書、また関係するウェブサイトから情報を集めたうえで、その子どもに応じた配慮を考える必要があります。ここでは無料で利用できる官公庁のウェブサイトについて記しておきますので参考にしてください（いずれも 2023 年 12 月現在のもの）。

（独）国立特別支援教育総合研究所　発達障害教育推進センター

　（https://cpedd.nise.go.jp/）

国立障害者リハビリテーションセンター　発達障害情報・支援センター

　（http://www.rehab.go.jp/ddis/）

政府広報オンライン「発達障害って何だろう」

　（https://www.gov-online.go.jp/featured/201104/）

内閣府　合理的配慮サーチ

　（https://www8.cao.go.jp/shougai/suishin/jirei/）

Q3 障害のある子どもの周囲にはどう理解させればよいのでしょうか？

A どの園や学校に出向いても、必ず聞かれる質問です。

　視覚障害や聴覚障害、肢体不自由の場合など、周囲の子ども自身が確認できるものについては、障害がある子どもの保護者から了解を得たうえで、子ども同士で支援が可能な点についてホームルームの時間などで話し合ってもよいでしょう。理想をいえば障害の有無にかかわらず、いつでもどこでも支え合い助け合えるような学級経営がされているとよいです。

　発達障害や軽度知的障害、あるいは病気の子どもなど、周囲からはわかりづらい場合、他の子どもにそれをどう伝えるか、あるいは伝えるべきではないのかは難しい判断ですね。保護者も子ども自身もそれを望んでいる場合は、関係者で話し合ったうえで正しく前向きに必要な情報を伝え、周囲の友だちのサポートが必要になるケースを具体的に紹介すればよいでしょう。

　しかし、保護者や本人がそれを望んでいない場合はどうでしょう。障害の状況などはもちろんのこと、「Aさんへのサポート」など具体的な支援方法も伝えられません。そういう場合、ユニバーサルデザインの発想で、Aさんだけではないすべての子どもたちがわかりやすい授業、学校生活づくりをさりげなく心がけてみてください。

3. 中学校の先生

Q1 生徒指導上の課題がある場合は発達障害が疑われますか？

A 中学校は先生方にとってはもっとも多忙な職場かもしれません。日々の授業だけでなく部活動の指導、進路指導など、保育所や幼稚園、小学校ではそれほど必要でないかもしれない業務に忙殺されてしまいます。また思春期真っただ中の子どもを相手にしますから、生徒指導も大変に重要になってきます。昨

今ではいじめや不登校、非行といった課題だけでなく、携帯端末やインターネットの利用に関する指導など、時代の変化により生じた新たな課題も増えています。

気をつけていただきたいのは、生徒指導上の課題が発生した子どもイコール発達障害ではない、という点です。それはまったくの偏見であり、いじめをした、不登校になった、校内で暴れている、そのような子どものすべてが発達障害であることはありません。

ただ、逆にいえば発達障害がある子どもが、周囲と上手にコミュニケーションしづらかったり、その特性を誤解され「指示に従わない」「勉強ができない」として偏見の対象にされたりし、ストレスが高じて課題につながってしまう、というケースは少なくありません。そのため、生徒指導上の課題がある子どもに対しては、あらゆる可能性を含んで対応してみてください。特別支援教育の視点で向き合ったら課題が改善されたという報告もあります。

Q2 球技系の部活動を指導していますが、発達障害がある生徒が上手にプレーできません。

A 発達障害だけではなく、さまざまな障害が起因した「協調運動障害」がある子どもが時に見受けられます。身体の部位の動かし方がわかりづらい、身体のさまざまな部分で同時に異なる動きをすることが難しいという状態です。縄跳びは手で縄を回しながらリズム感をもって飛び跳ねるものですが、縄を回す動作とリズムに合わせて飛び跳ねる動作を同時に行わなければ成立しないため、協調運動障害があると取り組みづらい典型的な運動の1つです。

中学生が取り組む部活動となると技術レベルの高さが要求される場合があります。協調運動障害があるとそれが壁となって要求に応えられなくなるかもしれません。ただ、協調運動障害については具体的でわかりやすい指導を行うと克服でき、他の子ども以上に技術が向上したという例もありますので、関心があれば専門書をご一読ください。

もう1つ、球技だけではありませんがスポーツにはルールや作戦があり、それが複雑だとわかりづらい子どももいます。サッカーやバスケットボールなどではフォーメーションが把握できなかったり、野球ではインフィールドフライなどのルールが理解できなかったりすると、チームプレーに影響を及ぼしてしまいます。指導者としては絵やイラスト、動画などを使って作戦やルールをわかりやすく伝える工夫をしてみてください。

Q3 知的障害や発達障害がある子どもの進路指導をどう進めればよいですか？

A　ここでは中学校ですでに特別な支援を受けている子どもについて回答します。

　中学校で知的障害がある子どものための特別支援学級に在籍している場合で療育手帳（知的障害がある人の障害者手帳）を所持していれば、知的障害特別支援学校を選択肢にできます。地域によっては入学試験で選抜する高等学園と呼ばれるような高校生だけの特別支援学校が設置されていることもあります。通常の学級に在籍していて療育手帳を持っている生徒も対象になります。

　普通高校などへ進学することも可能ですが、その先のことを考えると、卒業する際に専門性を持ってしっかり社会に向けて進路指導をしてくれる特別支援学校の方が適しているかもしれません。

　発達障害の場合、原則として特別支援学校には進めません。特別支援学校は障害者手帳や何らかの病気の診断書がないと対象にならないことが決められています。昨今では普通高校で「通級による指導」が開始され、発達障害の生徒への特別支援教育を行っているところが出てきていますし、少人数指導を心がける公立高校もあります。また私立高校でも発達障害の支援を強化しているところが出てきています。高校への進学については、そこでどのような支援があるのかを確認してみてください。

　通信制高校も増えています。なかには発達障害のサポートを売りにしている

ところもあります。また通信制高校の単位を取りながらフリースクール、サポート校と呼ばれる教育機関で学ぶケースもあります。これらを調べる場合に重要なのは、学校紹介や広告だけで判断せず、その子どもの課題に応じた支援をしてくれるのか、専門家が常駐しているのか、進路指導はどのように進めるのかなど、さまざまな情報を先生が集めて保護者や子どもに提供することです。

4. 高等学校の先生

Q1 英語の読み書きが苦手な学習障害の高校生は、成績をどのようにつければよいのでしょうか？

A 学習障害に限らず、発達障害があると特定の教科はすごく成績が良いけれど、特定の教科はまったく振るわないといった子どもを見かけることがあります。学習障害の場合、小学校の外国語教育や外国語活動のころから苦手意識を持ち、中学校では英語の成績がさんざんだったという子どもがいる場合もあります。象形文字などから派生した日本語と異なりアルファベットは単純な記号であるため定着しづらいのかもしれません。欧米では読み書きで苦労する学習障害の人が多いため、逆に学習障害の理解や支援が早く広がったともいわれています。

　文科省からも発達障害がある高校生の成績評価、単位認定は本人の特性に応じて工夫するようにとの報告が出されています。評価の観点は他の生徒と同一にしながらも、読み書きが困難な場合は試験問題を先生が読み上げ、回答は生徒がパソコンでタイプして作成するなど、特別な方法を考えてよいでしょう。あるいは口頭試問で英会話のやり取りをしながら判断するなどでもよいと思います。

　英語に限らず芸術、体育など特定の教科で苦労する発達障害の生徒がいます。個別指導、個別試験、通級による指導など制度上許されているさまざまな物理的、精神的配慮を検討し、成績評価をしてみてください。

Q2 発達障害がある高校生の男女関係で悩んでいます。

Ⓐ　発達障害があると対人関係やコミュニケーションの取り方に課題があり、人と上手に付き合えないことがあります。とくに男女関係については小中学生時代と比べ、より複雑化し、さまざまな危険を伴うこともあります。

　単純な事例としては、発達障害がある男子高校生が女子生徒と話す際に極端に顔を近づけてくるというケースがありました。男子高校生は自閉スペクトラム症（ASD）であり、空間認知（距離感）に難があるため「適切な距離」が具体的にわからないようでした。そこでラジオアンテナのように伸び縮みする「距離棒」を本人に渡し、男性同士の距離、女性との距離、先生との距離などの数種類を決め、印をつけて実際に距離を測りながら対応する練習をさせたところ、しばらくすると棒がなくても対応できるようになりました。

　恋愛関係については非常に難しいと思います。発達障害による認知（ものの考え方、捉え方）の特性から「自分が好きな彼（彼女）は自分を好きに違いない」と決めつけ、交際を迫り、断られると愛情が憎しみに変わってしまうようなことがあります。

　まずは本人が「どのような相談も安心して受け入れてくれる」と感じてくれる相談体制を構築し、本人の気持ちを社会的に受け入れられる形にするにはどうしたらよいかをケースバイケースで伝えていく必要があります。対人関係などは通級指導教室で自立活動の授業を行い、それを通じて学んでいくことが必要かもしれません。

Q3 高校卒業後の進路はどう考えればよいですか？

Ⓐ　視覚障害や聴覚障害、肢体不自由などの場合は、本人が希望し、合理的配慮をしてくれる大学、専門学校、企業などが適しているでしょう。2010年以降、障害者差別解消法や障害者雇用促進法が整備され、高等教育機関でも積極的に障害者を受け入れるところが増えていますし、企業では法定雇用率（全従業員

のうち障害者手帳を持っている社員の割合・2018 年現在は 2.2%）という決まりに沿い、雇用を進めているところが増えています。

　発達障害についても支援体制を整える高等教育機関が増え、精神障害者保健福祉手帳が取得できるため法定雇用率の対象になり、企業採用も増えています。

　知的障害については障害者雇用や福祉施設の利用が主になると思います。最近では高校を卒業して民間企業経営の就労移行支援事業所へ進む者も多くなっています。企業へ就職するために必要なスキル、ノウハウを短期間（数ヵ月程度）で学び、職場実習（インターンシップ）を経て就労を目指す場所です。

　いずれにせよもっとも大事なのは、本人の希望を優先するだけでなく、その進路先が本人を理解し、受け入れ、合理的配慮を行うなど充実した支援を行ってくれるかどうかです。世間の評判や広告、SNS による情報だけでなく、先生も実際にそこへ出かけてみて自分の目で見て確かめるなどしながら進路指導を進めてみてください。

5. 特別支援学校の先生

Q1 特別支援学校と小中学校はどう異なるのですか？

A 　特別支援学校は学教法施行令により、障害や病気があることが入学の条件となり、その障害の程度にも目安が決められています。誰もが入学できるわけではありません。小中学校は基本的にはその学区内に居住していれば必ず入学できることになっていて、最近では障害があっても希望すれば地域の学校に入学するケースが増えてきていますが、逆に特別支援学校には一定の条件がないと入れません。

　本書でも触れている通り、学級の定員や教育内容が小中学校と少し異なっていて、特別支援学校への特例が多くなっています。教員免許にも小中学校や高校と同じく特別支援学校教員免許があります。ただ、これも教員免許法の特

例で、特別支援学校に勤務する際には特別支援学校教員免許は必ずしも必要なく、小中学校等の免許があれば勤務可能です。文科省や都道府県教育委員会はこの状態を改善しようと、勤務を始めてから特別支援学校教員免許を取得できるようなさまざまな方法を実施しています。

　給与で比較すれば、特別支援学校教員は小中学校等よりやや優遇されています。障害や病気がある子どもへの専門性を持ち、時には物理的にも精神的にも障害や病気がある子どもを支えなければならない崇高な人間力を必要とする職場です。

Q2 特別支援学校の先生のやりがいってなんでしょうか？

A 　通常の学校の場合、子どもたちのテストの点数が上がった、体育的活動で競技の成績が上がった、生徒指導の結果、教員の気持ちが通じて子どもから言葉や文章で直接的に感謝されたというようなことがよくあります。教員はそのような子どもたちの反応からやりがいを感じることがしばしばあります。

　障害や病気がある子どもたちの場合、そのように直接的に子どもの何らかの成長に気づいたり、あるいは何らかの表現方法で感謝されたりする機会は少ないかもしれません。そこから感じるやりがいは通常の学校と比べれば得難いでしょう。

　しかし、子どもたちの内面の変化に気づき、ほんのわずかな成長を喜び、前向きに生きようとする懸命な姿勢に心を打たれ、やりがいをもって勤務している教員は多数います。

　障害が重い子どもが1年間かかってようやく服のボタンを1人ではめられた瞬間、病気の子どもが完治し以前に通っていた小学校に笑顔で戻る瞬間、卒業する子どもが式で「先生と離れたくない」と言って大泣きする瞬間、教員は「この仕事をしていてよかった」と心から感じるでしょう。

Q3 インクルーシブ教育が進めば特別支援学校は必要なくなるのではないですか？

A そのような意見が多いようです。確かに「障害の有無にかかわらず共に学ぶ」インクルーシブ教育が充実すれば、障害や病気がある子どもだけが通う特別支援学校は必要なくなってしまうのかもしれません。欧米には公立の特別支援学校が存在せず、できる限り地域の学校で共に学ぶことを徹底している国もあります。

本来であればそれが理想とされる姿かもしれません。しかし、それがこの国で実現するにはもう少し時間がかかりそうです。すべての教員、社会人が障害や病気、その他の人間のさまざまな課題に対して誤解や偏見を持たず、多様な生き方が認められる成熟した社会でなければ、制度だけ変わったところで当事者が辛い思いをする機会が増えるだけです。

特別支援学校も、共に生きる社会が醸成されていく過程で少しずつ減っていくかもしれませんが、そのような日が来るまではなくてはならない存在だと思います。今の日本の教育界から特別支援学校が姿を消してしまえば、小中学校等への教育支援などのセンター的機能、また研究機能が弱体化し、現状ではそこにしか教育の場がないかもしれない障害が重い子どもたちの学ぶ場がなくなってしまいます。

共に学ぶ教育を志向し、そうなるよう社会全体が意識を高め、環境的にも真にすべての学校ですべての子どもたちを受け入れることができる日まで、特別支援学校はまだまだ重要な地位を占めていくことでしょう。

6. 養護（保健室）の先生

Q1 養護の先生は特別支援教育とどう関係していくことになるのでしょうか？

A 養護の先生（養護教諭）は小中学校、高校、特別支援学校などすべての学校種に勤務する可能性があります。特別支援学校の場合は児童生徒のすべてに障害や病気があるので、日々の健康観察、健康指導、健康相談などのすべてに特別支援の知識を生かす必要があります。

　通常の学校の場合も今はさまざまな障害のある子どもが在籍していますので、養護教諭として日々の活動の中で障害がある子どもにどう関わるかを考える必要があります。たとえば発達障害がある子どもの保健室の利用の仕方や健康診断への参加の仕方を考えたり、教室で子どもたちに「感染症予防」に関する授業を行ったりする場合もあります。養護教諭としての指導に合理的配慮を加える必要があります。

　養護教諭は学校の中核に存在する、大変重要な役割を有している存在だと思います。特別支援教育においても期待が大きく、なかには「特別支援教育コーディネーター」に指名する学校もあるようです。

　しかし、しっかり特別支援教育を学び、ある程度の専門性を兼ね備えたうえで中心的な役割を担うことは構いませんが、それでなくとも多忙な職種であることに違いはありません。むしろ「保健指導における特別支援教育」について学び、障害がある子どもの心や体の健康、そして安全を守るためにはどうしたらよいかといった視点を持っていただけるとよいかと思います。

Q2 発達障害がある子どもに対しては、どのような配慮を考えればよいでしょうか？

A 発達障害がある子どもの健康管理についてですが、子どもは小さければ小

さいほど思ったことを上手に言葉にしづらいのですが、発達障害があると余計にコミュニケーションが苦手な場合があります。日々の健康観察や相談活動では「コミュニケーション支援ボード」（この言葉でウェブ検索すると無料でダウンロードできるサイトにつながります）を利用して本人が言いたいことを引き出すなど工夫してみてください。

　また感染症予防のための手洗いやうがいの方法もわかりやすく具体的に指示してみてください。たとえば手にクリームを塗り「このクリームがとれるまで石鹸で手を洗う」と指示すればヌルヌル感がとれるまで頑張って洗うでしょうし、タイマーを使ってうがいの時間を示してもよいでしょう。保健室利用のルールを明文化して室内にイラスト付きで表示したり、保健室内を構造化（室内の配置をわかりやすく区切る）したりすることも効果的です。

　ADHD系の子どもは自己の行動をコントロールすることが苦手なため、無茶をしたり障害物に気づかなかったりしてよくケガをすることがあります。逆にみれば、よくケガをして保健室にやってくる子どもは多面的に観察していく必要があるということです。同様に、心や体の病気になりやすい子どもと発達障害との因果関係に関心を持った方がよいかもしれません。

③3 病気がある子どもへの特別支援教育をどう考えればよいでしょうか？

Ⓐ　慢性疾患や心の病など学校教育で配慮が必要な病気の子どもは、特別支援学校だけでなく通常の学校にも多数います。5人に1人程度は何らかの病気の悩みを抱えているといっても過言ではないでしょう。しかし、そのような子どもへの理解や配慮について、通常の学校の先生方は思ったほど関心を抱いていないことがあります。それは「病気の子どもは休めばよい」「体育は見学すればよい」など学校教育の過去からの慣習にとらわれているからです。今は病気があってもさまざまな方法で学校教育を継続することを考えなければなりません。

そんな病気の子どもへの支援や配慮については、養護教諭が保護者、担任、医療機関等とのコーディネートを図ればどうでしょう。特別支援教育コーディネーターの仕事かもしれませんが、学校の中でももっとも医学的な知識を有している養護教諭が適任ではないかと思います。保護者や主治医から子どもの医療情報を聞き、それをわかりやすく担任に伝え、教育活動の中でその子ができること、できないことを明らかにし、できないことに対しては担任と一緒に合理的配慮を考え、そして日々の健康チェックを欠かさないようにします。

　そうすればどのような病気の子どもでも、安心して地域の学校に通い、何かあればすぐに養護教諭に相談し、充実した生活を送ることができると思います。

7. 栄養教諭

Q1 栄養教諭は特別支援教育とどう関わればよいのでしょうか？

A 　栄養教諭は 2005（平成17）年度から新たに設けられた職です。給食の栄養管理などだけでなく、食育（食を通じて健やかな心身を育む）の視点で「食の自己管理能力」や「望ましい食習慣」を育てるため、必要に応じて教室で授業を行うこともあります。

　自校給食（学校内で給食を作る）の場合、栄養士を兼ねた栄養教諭が配置され、学校全体の食育指導に関わることがあります。また自校給食ではない（地域にある給食センターなどから給食が配送される）場合でも栄養教諭が配置され、その学校だけでなく周辺の学校を回りながら食育指導を進めるケースもあります。

　小学校や中学校、特別支援学校では給食があるところが多いですが、高校ではあまりみられません（定時制など夜間課程などの高校で夕食を提供する給食がある場合があります）。

　特別支援学校には障害がある子どもが通ってくるため、栄養教諭は必然的に特別支援教育に向き合うことになります。障害の種類や状態により、食事を飲

み込みづらい場合は刻み食（食材を包丁やはさみで細かくカットしたもの）やミキサー食（ミキサーで食材を液体状にしたもの）を用意したり、その指示を教員に出したり、あるいは障害がある子どもが食べやすくて人気が高い、それでいて栄養のバランスが取れているメニューを開発したりします。また食育として保護者に向けて情報を発信する栄養教諭もいます。

　通常の学校でも同じような配慮をしている栄養教諭がいますが、すべての子どもに同じメニューを用意する以上、特別支援教育の視点でメニューを考えることは難しいようです。ただ、特別支援学級の子どもにわかりやすく食の意義などを伝える取り組みを行っている栄養教諭はいるようです。

Q2　栄養教諭として発達障害がある子どもにどう関わればよいですか？

Ａ　発達障害の中には感覚特性がある子どもがいて、とくに自閉スペクトラム症（ASD）の場合はそれが顕著です。感覚特性とは人間が持つ視覚、聴覚、嗅覚、味覚、触覚の五感がきわめて敏感だったり、逆にきわめて鈍感だったりすることをいいます。腕をたたかれても痛く感じない場合や逆に少し触っただけでも痛く感じてしまう場合があります。

　味覚に感覚特性があると、通常は食べておいしいものもおいしく感じられなかったり、他の味に感じてしまったりします。その場合、一般的な感覚でおいしいと思われるものを子どもが食べないと「偏食」「好き嫌い」があると判断され、それを矯正しようと食べることを無理強いしてしまいがちです。

　味覚に感覚特性があるかどうかを明らかにするのは保護者や医療者の責任かもしれませんが、日ごろの状況からもしその可能性がうかがえるのなら、栄養のバランスを考えながらどのような食材をどう食べることが適切なのか、考えてみるのもよいかもしれません。

　また発達障害の子どもの中にはこだわりが強く、理由はわからないのですが「白いものは食べない」として牛乳や白飯を敬遠するなどのケースがあります。

この場合も、その原因究明はさておいて、どのような食事なら喜んで食べることができるのか合理的配慮を考えてみてもよいかもしれません。

　食事の場所では笑顔で楽しくありたいものです。食事が厳しい指導の場になると食べること自体に否定感を持つこともあります。どのような学校でもどのような子どもでも笑顔で食卓を囲むにはどうしたらよいかを考えてみてください。

Q3　病気の子どもに対して注意することはありますか？

Ａ　以前から注目されているのは食物アレルギーへの対応です。食物アレルギーがあると、特定の原材料の中にその子どものアレルギー反応を引き起こす物質（アレルゲン）が含まれている場合、アナフィラキシーという激しい発作症状になり、場合によっては命に関わることもあります。

　2012（平成24）年、東京都調布市で女児がアレルゲンの入った給食を食べ、アナフィラキシーで死亡するという悲しい事故が発生しました。給食では女児用にアレルゲンの入っていない食材が用意されていたのですが、担任が誤ってほかの子ども用のアレルゲンの入った食材を「おかわり」として女児に提供してしまったことが原因でした。文科省による検証では学校側のいくつかの小さなミス（ヒヤリハット）が重なって事故が発生したと結論づけられています。

　アレルゲン除去食の準備はもちろんですが、このような子どもへの対応について食の専門家としてヒヤリハットを減らし、子どもの健康や安全を守るためのシステムづくりなどにも目を向けてはどうでしょう。

　アレルギー以外でも糖尿病や腎臓病の子どもの中には食事の管理が必要なケースがありますし、誤嚥（食材を飲みこむ際に誤って気道に入れてしまうこと）により窒息死してしまう子ども（学齢児）が2013（平成25）年には全国で7名いました。食は健康にとって重要な意味を持ちますが、1つ間違えると命を脅かす結果にもつながることを覚えておかなければなりません。病気の子どもの食におけるリスク管理などを栄養教諭として意識してもらえればよいでしょう。

8. 特別支援学級の先生

Q1 どうすれば特別支援学級の担任になれますか？

A インクルーシブ教育を推進する際、その核になるのは特別支援学級だといわれています。そのため、全国の小中学校で新しく特別支援学級を設置しようとする動きが進んでいます。

しかし、特別支援学級の担任になるにはやはり特別支援教育について専門性を有していることが必要なのですが、特別支援学校の項でも述べたように、この免許を取得できる大学が少なく免許保有者もまだ多くありません。もし特別支援教育を志す学生の皆さんが、この免許を取得できる大学にいるのであれば、ぜひ取得した方がよいと思います。

小中学校等には特別支援学校教員免許保有者がいないところもあります。そのため、同免許がなくても特別支援学級の担任に配置されることがよくあります。多くの先生方は配置されてから一生懸命勉強し、子どもたちのために適切な特別支援教育を実施します。したがって、特別支援学級の担任になるための条件等はとくにありません。障害がある子どもの教育に真摯に対応してくれる人であれば誰でもなれるでしょう。

しかし、やはり大学で特別支援教育をしっかり学んだ人に担当してもらうことがベストだろうと思います。千葉県には「特別支援教育」という教員採用枠があり、合格すれば特別支援学校だけでなく希望に応じて特別支援学級に勤務することもできます。このような自治体が増えればいいですね。

Q2 特別支援学級の先生は学校の中で孤立しがちになると聞きましたが本当ですか？

A 特別支援学級は学校によって1学級から数学級程度しかありません。担任になるのは少数ですし、教える内容が通常の学級と大きく異なるので、同僚と

切磋琢磨したり情報交換したりすることが難しく、確かに孤立してしまう先生もいるようです。とくに病気の子どもが通う「院内学級」は本校とは違う場所にある病院の中に設置されるので、他の先生方と日常的に会って話す機会も少なくなってしまいます。

　しかし、学校によってはそういう特別支援学級の先生を支え、すべての先生方で特別支援学級の経営をサポートしてくれるところがあります。また近隣にある学校の特別支援学級の先生方同士で常に情報交換し、時には集まって研修会をやるような自治体もあります。特別支援学級だけの合同運動会、合同発表会などの行事を行う場合もあります。また、地域にある特別支援学校が小中学校等の特別支援学級担任を支援することもあります。

　今後、特別支援学級の存在価値はさらに高まり、すべての学校になくてはならない存在になるでしょう。孤立するどころか学校全体から頼りにされる立場になると思います。

Q3 特別支援学級の担任として心がけなければならないことは何ですか？

A　学校の中で障害や病気がある子どもだけが通う学級にならないことが大切です。特別支援学級は地域の障害や病気がある子どもが安心して通え、一人一人に応じた教育を行ってくれる心強い学級ではありますが、子どもたちが１日中そこで過ごすだけではいけません。

　インクルーシブ教育推進の核となる、ということは、一人一人に応じた教育を保証しながら、学校全体、地域全体に障害や病気がある子どもをインクルーシブ（包括）した共生社会が必要であることを発信していかなければなりません。そのため、通常の学級との関わり方や行事への参加の仕方などを工夫しながら、すべての子どもが共に過ごす機会を考えていくことが求められます。それは子どもたちに対してだけでなく、同僚や保護者に対しても同様で、子どもたちへの理解を広げるためにさまざまな取り組みを考えていく必要がありま

す。

　児童文学作家で著名な灰谷健次郎氏が書いた「きみはダックス先生がきらいか」という作品があります。さまざまな子どもがパッとしないダックス先生の学級で試行錯誤しながらも相互理解を広げていく物語です。特別な方法を講じなくても、先生の思いが伝わることもあります。ぜひ参考にしてみてください。

9. 通級指導教室の先生

Q1 発達障害がある子どもの通級指導を担当することになりましたが何を教えればよいのですか？

A　通級指導教室は、障害や病気がある子どもが通常の学級を抜けて、決められた時間、別に学ぶ教室です。言葉の遅れがある場合はその指導を行ったり発達障害で特定の教科学習の遅れがある場合は特別な指導を行ったりします。

　2017（平成29）年に告示された学習指導要領では、特別支援学級や通級指導教室で、特別支援学校の学習指導要領のみに示されている領域「自立活動」を行う方向性が示されました。今後は通級指導教室で「健康の保持」「心理的な安定」「人間関係の形成」「環境の把握」「身体の動き」「コミュニケーション」の6つの区分に関する項目に沿った指導を行う必要があります。

　日本では発達障害がある子どもへの通級指導教室が数を増やしているようです。発達障害がある子どもに対しては「人間関係の形成」「コミュニケーション」に関する指導に取り組んではどうでしょう。人と上手に関われない、意思疎通がうまくできないことが発達障害がある子どもにとって大きな課題となっています。学校でのソーシャルスキルトレーニングの指導法など専門書が多く出されていますので参考にしてみてください。

Q2 授業の空き時間に通級指導教室で指導してほしいといわれたのですが、なぜ専任の学級担任がいないのでしょうか？

A 通級指導教室は「学級」ではなく「教室」です。学級とは定員が法律で定められていて、必ず学級担任を配置しなければならない子どものまとまりです。教室とは場所のことです。理科室や図書室同様、教育を受ける１つの部屋を指す言葉です。通級指導教室はあくまでも部屋の名称であって、学級ではないので担任を置くことはできません。文科省でも自治体でも法律上、その人員を賄う予算が教員の人件費として予算化されていません。

しかし、特別支援教育を推進するため、文科省や自治体は特別な予算を組んで通級指導教室に専任の担当を配置できるような対応を進めています。いずれ、すべての通級指導教室に専任が配置されるかもしれません。すでに専任の教員を配置している自治体もあります。

先生方の負担が増えることは望ましくありません。今、教職員の働きすぎが社会問題となり、学校の先生は「ブラック」であるとの認識が広がっています。できれば専任の教員を通級指導教室に配置してほしいところですが、それを待ってはいられません。学校ごとにできる限りの対応をしていく必要があるでしょう。

校長先生のもと、障害や病気がある子どもを支えるために、教職員一人一人ができることをやっていく、そのような考え方が必要だと思います。

Q3 通級指導教室の担当として心がけなければならないのはどのような点ですか。

A 専任の先生であれば特別支援教育に関しての専門性をさまざまな方法で高めていく必要があると思います。研修会に参加したり専門書を読んだりするなどして可能な限り学んでみてください。

専任ではなく、時々必要に応じてその教室へ入り指導するという場合、少な

くともそこで教える子どもの特性についてはしっかり把握してください。学校の中には特別支援教育コーディネーターという仕事を受け持っている教員が必ずいます。通級指導で学ぶ必要がある子どもに関する情報はそのコーディネーターが持っているはずですので、どのような目的で通級指導教室に通ってくるのか、どのような背景があるのか、学習時の特性はどうか、本人の興味関心は何かなど、始動時に必要な情報を把握し、子どもに合った指導スタイルを考えてください。

　また、そこでの学びの様子を担任や保護者に報告することも重要です。たとえば自立活動で人間関係を向上するための授業を行った場合は、それを通常の学級や家庭で応用してもらう必要があると思います。実生活に使えない学びでは意味がありません。

　通級ならではの配慮事項、留意事項が多数ありますので、関わる先生方が共有し、同じ方法で1人の子どもの教育を進めていってください。

10. 特別支援教育コーディネーター

Q1 通常の学校の特別支援教育コーディネーターってどんな仕事をするのですか。

A 2007（平成19）年に文科省が全国に通知した「特別支援教育の推進について」では特別支援学校だけでなく小中学校や高校にも特別支援教育コーディネーターを配置する方向性が示されました。通常の学校で特別支援教育を推進する旗振り役となることが期待されています。

　コーディネーターは教員の中から適任者が任命されます。校長先生以外はすべてその候補ということです。教頭先生や養護教諭が指名されることもあります。特別支援教育に見識や経験があることが任命要件となる場合があります。

　文科省は通常の学校のコーディネーターの役割を「学校内の関係者や関係機

関との連絡・調整」「保護者に対する学校の窓口」であるとしています。同じ校内の他の先生方に特別な支援に関するアドバイスをしたり個別の教育支援計画の書き方を指導したり、また校内の特別支援教育に関する話し合いの場（校内委員会）を開催したり、子どもが通う放課後等デイサービスなどと子どもに関する情報交換を行ったりします。また、障害や病気がある子どもの保護者との相談窓口になることも期待されています。

そのためにも担当者は特別支援教育について専門性を高め、常に新しい情報を収集していこうとする姿勢が大切です。

Q2 特別支援学校のコーディネーターはどのような人がなるのですか？

A 文科省は特別支援学校に対して、通常の学校のコーディネーターの役割に加え「小・中学校等への支援」「地域内の特別支援教育の核として関係機関とのより密接な連絡調整」役としての機能を求めています。

そのため、特別支援学校でコーディネーターになる人には他の教員よりも高い専門性や優れた見識、調整能力、カウンセリング能力など特別支援教育に対してさまざまな資質を持つことが期待されます。昨今ではコーディネーターの経験者が管理職に登用される例も多くなっています。特別支援学校にとってはきわめて重要な役割を担っています。

大学で特別支援学校の免許を取得する学生の皆さんは、より専門的な学びをしているはずですので、ぜひ将来はコーディネーターになることを目指し、勉強を進めていってみてください。

Q3 コーディネーターが心がけることは何ですか？

A コーディネーターでもっとも重要な能力は人間関係調整能力だと思います。子どもだけでなく同僚、保護者、関係機関の職員などと、専門性を生かし

ながらバランスよく対応していくことが求められます。

　とくに障害や病気がある子どもの保護者は悩みを深めている場合があります。そのような保護者の思いに寄り添い、共感し、道しるべを示すような関わりを進めていかなければなりません。なかには厳しい表現で教員を攻撃してくる保護者もいるでしょう。もちろん法で禁じられている行為に対しては厳正に対応しなければなりませんが、基本的にはどのような保護者とも真摯に誠心誠意、対応していく必要があります。継続する力、忍耐力、精神力、根気強さなどが求められます。

　大変に重圧がある立場だと思います。しかし、それだけに期待されるものが大きく、地域全体の障害や病気がある子どもの学校生活、社会生活を守り、インクルーシブ教育を推進するために常に前向きに取り組んでいく開拓者ともいえるでしょう。

　真剣に特別支援教育と向き合い、自らの全力を注ぎたい、と考えるような方が適任だと思います。

11．学童保育（放課後児童クラブ）の先生（指導員）

Q1 学童保育では障害がある子どもとどう関わっていけばよいでしょうか？

A　学童保育からも研修会の講師依頼をよくいただきます。そこで必ず語るのは「学校と学童保育の目的の違い」についてです。学校はご存知のように教育を通じて「生きる力（確かな学力・豊かな心・健やかな体）」を育むことが目的ですが、学童保育の目的は 2012（平成24）年に厚労省から改訂版が出された「放課後児童クラブガイドライン」では「子どもの『遊び』及び『生活』を支援することを通して、その子どもの健全育成を図ることを目的とする事業」とされています。つまり、学童保育は学びの場というより経験の場、生活の場で

あるということです。学校のように教員が専門性に即して指導や支援を行うのではなく、学校で学んだ力を経験的に発揮し、実践力や応用力を高める場であるともいえるでしょう。

　障害の有無にかかわらず、子ども同士が遊びや生活による関わり合いを通じて成長していくことはとても重要です。ましてや昨今は子ども同士が地域で遊び合う機会が少なくなったといわれる中で、学童保育は安心して遊び合える貴重な場なのです。ですから、学校のように意図的に何かを教えたり導いたりする必要はないように思いますが子どもが経験した中から興味、関心を持った事柄についてアドバイスすることはあってもよいと思います。

　学校の「共に学ぶ」インクルーシブ教育とは別に「放課後の『共に遊ぶ』インクルーシブ」を進めるにあたり、子ども同士の関係を仲介したり、安全に活動できるよう配慮したりするために、障害に関する知識や理解は不可欠だと思いますが「特別支援教育を進める！」といった学校教育的な発想はいらないかもしれません。

Q2 障害がある子どもについて小学校と上手に連携していくためにはどうしたらよいでしょうか？

A　先に紹介したガイドラインには学校との連携について「子どもの生活の連続性を確保するために、学校との連携を積極的に図る必要がある」とあります。また厚労省が 2018（平成 30）年に設置した「新・放課後子ども総合プラン」に対して文科省がその推進について通知した文書では、学校と学童保育との連携について「情報や課題等を共有し、活動の改善や発展につなげることも重要」と書かれています。学童保育と小学校は、個人情報のやり取りに留意しながらも、子どものために積極的に連携していかなければなりません。

　しかし、残念ながら障害がある子どもに関する連携となると、小学校側が個人情報の保護を理由に情報の共有などをよしとしないところがあります。小学校がその子どもに対しての理解を深めておらず、特別支援教育を推進できてい

ないことも一因のようです。学童保育がその扉をたたいてもなかなか開けてくれない学校も多いようで、対応に苦慮しているという話をよく聞きます。

　もし了解が得られるのなら、むしろ保護者から学校に「学童保育に情報を提供して」とお願いしてもらってはどうでしょう。学校でその子どもにどう対応しているのかを知り、同じように対応すれば子どもも安心するかもしれません。

Q3 グレーゾーンの子どもにはどう対応すればよいでしょうか？

A　発達障害等への知識や理解が広まると、学童保育で生活している子どもの中に「あれ？ひょっとして……」と気がつく場合があります。しかし、保護者や本人はそれに気づかず、むろん病院で診断も受けていない子どもに対し、勝手に発達障害があると決めつけてはいけません。

　子どもに特別な支援が必要かどうかは保護者が気づくか、あるいは学校で指摘するかのいずれかがベストな形だと思います。学童保育の職員が保護者に指摘するのは少し待った方がよいかもしれません。保護者の中には学童保育を学校と同一視し、教育と同じ程度の厳しさを求める反面、学童保育の職員から支援の必要性を伝えられることには抵抗を感じる者もいます。学童保育は社会的にそれだけはっきりしない立場に置かれています。

　だからといって不用意に友だちを傷つけたりルールを守らなかったりする子どもをそのままにしておくこともできません。予算の少なさから学童保育の住環境や職員体制も非常に不十分なところが多くなっていますが、できる範囲でユニバーサルデザインの視点を盛り込んでみませんか？　障害の有無にかかわらず、誰もが楽しくルールを守って生活できるよう、決まりをイラスト付きで明文化し、毎日保育が始まる時間に子どもたちに復唱させ確認する、ほんの少しのスペースでよいので、発達障害がある子どもが静かに休める場所を作る、遊びを通して人間関係に必要なスキルトレーニングをしてみるなど。

　障害の有無がはっきりしたところで具体的に何も変わりません。すべての子どもが笑顔ですごせる方法を考えてみてください。

12. 放課後等デイサービスのスタッフ（支援員）

Q1 障害がある子どもについてどのようにして理解を広げればよいでしょうか？

A 放課後等デイサービス事業（以下「放デイ」と略）は障害がある学齢期の子どもが放課後や休日に通い「生活能力の向上のために必要な訓練、社会との交流の促進」を図る場所（福祉施設）です（児童福祉法第6条の二の二の4)。主に特別支援学校や特別支援学級、または通常の学級にいる障害がある子どもが通ってきます。平たくいえば障害がある子どものための学童保育ともいえるでしょう。

職員には障害に関する専門性が求められる事業ではありますが、今の制度では必ずしもすべての職員に専門性を示す何らかの資格が必要というわけではありません。学生のアルバイト職員も多数います。ではそのような職員が障害について学ぶにはどこでどのような研修をすればよいでしょう。

都道府県レベルで放デイの連絡協議会などがあるところでは合同研修会が行われていることがあります。また放デイが独自で講師を依頼し研修をすることもあります。都道府県自治体が放デイだけではなく障害児者に関するすべての事業所職員向けに研修会を企画する例もあります。特別支援学校に見学に行ってもよいでしょう。

あるいは個人で専門書を読んだり大学の講座で学んだりすることも有効です。放デイ職員の利点は、学んだ知識をすぐに活用でき、実践力が身につくことです。積極的に勉強してみてください。

Q2 学校と連携するにはどうしたらよいでしょうか？

A 放デイは学童保育と異なり、小中学校や特別支援学校、場合によっては普

通高校からの利用者がいる場合もあります。特別支援学校は一人一人の子どもに対し「個別の教育支援計画」という資料を作成することが学習指導要領で義務づけられており、その中には学校以外の関係機関での生活の様子などを記載する必要があります。多くの学校が放デイに通う子どもの情報を必要とするので、日頃の情報共有などの連携はスムーズに行っているようです。

　しかし、小中学校や高校と放デイの連携がうまくいっている、とは言い難い状況にあるようです。小学校の場合、学童保育との連携さえ進んでいないことを考えればその事情はよく理解できますし、中学校や高校の教員が福祉施設と連携することはより難しさがあるかもしれません。

　障害がある子どもに対しては2017（平成29）年に告示された学習指導要領で、すべての特別支援学級や通級指導教室を利用している子どもに個別の教育支援計画を作成することが義務づけられました。その作成のためには学校は子どもが放デイを利用している場合は連携が必須となります。今後はもし通常の学校が連携を拒むようなことがあった場合、制度に即した対応を適切に求めていってみてください。

Q3　放デイでも合理的配慮は必要でしょうか？

Ⓐ　合理的配慮は障害者差別解消法ですべての事業者が行うよう示されていますが、実施義務があるのは公立学校など公的な事業者です。その他は努力義務となっています。しかし、障害がある子どもを預かる施設として、可能な範囲で合理的配慮を行う必要があると思います。

　とくに特別支援学校や特別支援学級などと異なり、放デイにはさまざまな障害がある子どもが集まります。それぞれの障害の種類、程度、状態、年齢、性別など「一人一人に応じた」合理的配慮が求められます。どのような障害があっても放デイの施設利用に壁が生じないような方法を考えてみてください。

　放デイの場合、職員の手が比較的多いので子どもの行動を手助けすることが容易かもしれませんが、たとえば車いすを利用している子どもが自らの意思で

屋内を移動できるような配慮はあるでしょうか。あるいは視覚障害や聴覚障害の子どもたちが利用しやすいように工夫されているでしょうか。

障害がない人とある人が共に社会参加しやすいための配慮という観点だけでなく、多様な障害がある子どもたちが共に生活しやすい合理的配慮が、放デイには必要かと思います。

13. 学習塾やスポーツ教室などの先生

Q1 私たちの教室にも発達障害がある子どもはいますか？

A 文科省が 2012（平成 24）年に全国の学校で調査をした結果、通常の学級に 6.5% の発達障害傾向の子どもがいることが明らかになりました。これは学校の教員がチェックリストにしたがって気になる子どもを客観的に評価したものですから、必ずしもその全員が診断基準に当てはまる発達障害であるかどうかはわかりません。しかし、少なくとも教員が気になっている子どもが 6.5% 存在することは間違いありません。

これを標準と考えるなら、子どもの集団の中には 6 〜 7%、気になる子どもがいることになります。ある一定の人数が集まる学習塾、スポーツ教室などにも存在すると思います。あるいは最近では、保護者が発達障害があることを経営者に伝えたうえで指導を依頼することもあるようです。とくに個別指導を売りにする学習教室は、発達障害がある子どもにとっては比較的落ち着いて勉強しやすいスペースになっていますので効果的なようです。

いずれにせよ、学習塾やスポーツ教室でも、障害理解とはいかないまでも気になるお子さんに関する研修は進めた方がよいでしょう。そうでないと、障害が関係するさまざまな行動を単なるわがまま、自分勝手、落ち着きがないと捉えてしまい、子どもに対しては否定感が募り、教室の先生自らは「どう教えればよいのか」と悩む結果になってしまいます。

情報を知ることが先決です。ぜひ研修を進めてください。

Q2　発達障害がある子どもに効果的な指導法はありますか？

A　子どもの興味や関心と、教室の趣旨が一致すれば、能力は飛躍的に高くなる場合があります。

　パラリンピックで日本は、水泳競技の知的障害がある方の部門で最近では必ずメダルを取ることができています。メダリストやその保護者の話では、幼いころから水が好きだったのでスイミングスクールに通わせたらあっという間に泳ぎ方を覚え、どんどんスピードが上がった、毎週スクールへ行くのが楽しみで、そのために学校でも頑張って勉強していたとのことです。おそらくスイミングスクールの先生の具体的でわかりやすい教え方と本人の「水が好き」という感性が一致したために獲得したメダルなのだと思います。

　それ以外にも、作画や制作が好きな子どもなら美術教室、音楽が好きならピアノ教室や音楽教室、英語が好きなら英語塾、そろばんが好きなら珠算教室といった具合に、本人が関心を持つものと学ぶ内容が一致すれば、腕を上げると思います。具体的に、わかりやすく指導する。それがもっとも重要です。

　先にも触れたように学習塾であれば個別指導に近い形態の方が落ち着いて勉強できると思います。またなかには学習障害の子どもがいるかもしれませんので、文字の読み書きが苦手という場合には、学習障害の子どもへの支援方法について専門書などを参考にして、ゲーム的な要素を取り入れた指導を考えてもよいかもしれません。

Q3　指導に従わない子どもの保護者にはどう対応したらよいですか？

A　障害があることが明らかになっていても、あるいは周囲は気づいていないが可能性がある子どもでも、学習塾等での指導に従わずに困ってしまうことがあります。営利事業なのでむやみに保護者にお願いばかりするのも気が引けてしまいます。

しかし、学習塾等の先生方の立場で保護者に何らかの特別な支援が必要であることを伝えるのは難しいでしょう。学校の教員の言葉でさえ後ろ向きに捉えてしまう保護者もいますから、月謝を払っている側からすればお客様意識で対応されてしまうこともしばしばあると思います。

まずは受け入れ側で子どもの特性から、指導をわかりやすく具体的にし、学びやすい環境づくりに努め、そこへ来ることが楽しくなるような雰囲気を作っていくことが肝要だと心得ます。

どうしても保護者側の理解や協力が必要な場合は、あくまでも前向きに「こう協力していただければお子さんの能力をもっと上げることができる」という感じでお願いしてみてはどうでしょう。子どもの可能性が伸びるなら、協力をいとわない保護者が出てくるかもしれません。

14. 保護者

Q1 特別支援教育の対象になると進学に影響が出るのではないでしょうか？

A こういう質問を受けることがよくあります。結論からいえば、それはまったくの誤解です。

今は障害者差別解消法などの法律で、障害を理由にして選別することは厳しく禁じられています。よく聞くのは視覚障害や肢体不自由のある方が宿泊施設を利用しようとした時に特段の理由もなく断られるケースです。これは今は明確に法で禁じられています。

それとまったく同じで、たとえば高等学校を受験する際、特別支援学級に在籍していたり通級指導教室を利用していたりした子どもが、そのことを理由に入学試験で不合格になることはありません。無論、学力検査の結果や調査書の内容などがその高校にふさわしくない場合は不合格になることもありますが、

障害の有無そのものが合否の材料になることはありません。それは大学も専門学校も同様です。

　ある高校の校長の話です。「発達障害がある場合、中学校で特別支援教育を受けている子どもの方がコミュニケーションや人間関係づくりをしっかり学んできているので高校生活が安定する。特別支援教育経験があるという事実はプラスポイントである」。今はそういう時代です。

Q2 学校の先生がなかなかわが子の障害を理解し支援しようとしてくれません。どうしたらよいでしょうか？

A 2007（平成19）年に特別支援教育が始まり、すでに10年以上の歳月が過ぎています。以前に比べれば学校の教員の障害理解も進んでいます。しかし、なかには大学の教員養成課程で特別支援教育についてまったく学んでこなかった年代の教員もいます。あるいは2007年以前の「特殊教育」と呼ばれていた時代に「障害がある子どもは別の場で教育を受けるべき」との考え方の中で経験を積んだ教員もいます。制度が変わった、法律が変わったからといって考え方をなかなか変えられないでいるのかもしれません。

　しかし、そのような教員を対象にした研修会が各地でさまざまな形で行われていて、すでにすべての教員が障害等に対して基礎的な知識の理解はしているはずです。それでも保護者の話を聞いてくれない教員がいるとしたら、それは個人的な事情があるのかもしれません。担任だけでなく特別支援教育コーディネーターや管理職などに相談してみてください。

　保護者側も焦るあまりついストレスをため攻撃的になってしまうことがありますが、あくまでも冷静に対応してみてください。1人の子どもを間に挟んで、教員と保護者が対立する構図は望ましくありません。チームで一丸となって子どもを育てる環境づくりに保護者も協力してみてください。

Q3 特別支援教育についてよくわからず不安なのですが、どうすればよいでしょうか？

A ほとんどの保護者が小学校や中学校、高校等で学んできています。特別支援学校で特別支援教育を受けてきた保護者は少数派だと思います。また通常の学級でも特別支援教育を進める時代は 2007 年に始まったわけですから、そのころすでに中学校を卒業していたような方にはそのような言葉さえ身近に感じたことはなかったでしょう。

自分の子どもが特別支援教育の対象になると知った時、ほとんどの保護者が不安を覚えると思います。特別支援教育がどういうものか、よく知らないからです。人間は見知らぬものには不安を感じます。江戸時代の欧米人に対する見方や新しい感染症に対する見方なども同じです。知らないから不安を覚えますが、いざその情報に触れてみると思っていたようなおそれはなく、不安は杞憂だったことに気がつきます。

ぜひ保護者も特別支援教育について学んでみてください。最近では通常の学校の PTA が保護者向けの研修会で特別支援教育をテーマにすることも多くなっているようです。知れば知るほど、特別支援教育は「一人一人に応じた指導や支援でその能力を最大限に伸ばす」とても前向きな教育で、これを受ける受けないにより子どもの人生が大きく変わるものであることを知るでしょう。

【参考文献】

・清水貞夫・藤本文朗編『キーワードブック障害児教育』クリエイツかもがわ、2005
・松浦俊弥『エピソードで学ぶ知的障害教育』北樹出版、2014
・冨田久枝・松浦俊弥編『ライフステージの発達障害論』北樹出版、2016
・松浦俊弥編『チームで育む病気の子ども（改訂版）』北樹出版、2022
・厚生労働省「子どものうつ病」平成 22 年度成育疾患克服等次世代育成基盤研究事業パンフレット、2010
・厚生労働省「児童発達支援ガイドライン」2017
・厚生労働省「放課後等デイサービスガイドライン」2015
・厚生労働省「保育所保育指針」2017
・文部科学省「性同一性障害や性的指向・性自認に係る、児童生徒に対するきめ細かな対応等の実施について（教職員向け）」2016
・文部科学省「幼稚園教育要領」2017 年告示
・文部科学省「小学校学習指導要領」2017 年告示
・文部科学省「特別支援学校学習指導要領」
・文部科学省・厚生労働省「『新・放課後子ども総合プラン』について（通知）」2018
・内閣府・文部科学省・厚生労働省「幼保連携型認定こども園教育・保育要領」2017
・内閣府経済社会総合研究所「日本の子どもの貧困分析」2017
・文部科学省「障害のある子供の教育支援の手引」2021
・文部科学省「日本語指導が必要な児童生徒の受入状況等に関する調査結果（令和 3 年度）」2022
・文部科学省「令和 3 年度児童生徒の問題行動・不登校等生徒指導上の諸課題に関する調査結果及びこれを踏まえた対応の充実について（通知）」2022
・文部科学省「生徒指導提要（改訂版）」2022
・日本学校保健会「令和 4 年度アレルギーに関する調査報告書」2023
・文部科学省「児童生徒の自殺予防に係る取組について（通知）」2021
・厚生労働省「令和 3 年度国民生活基礎調査の概況」2022

あとがき

　1982（昭和 57）年、養護学校義務制が実施された 3 年後に、私は盲学校に就職しました。学校には重度重複障害の子どもが数多く在籍し、新採用の教員もかなりの数に上りました。視覚障害教育は長い歴史がありますが、重度の障害を併せ持つ子どもの教育方法は、まだ十分に確立しているとはいえませんでした。がむしゃらに過ごす毎日でしたが、子どもたちと一緒に街へ出れば好奇の目で見られ、なかにはあからさまに顔をそむけたり立ち去ったりする人もいました。障害のある子どもの教育が、まだ社会に根づいていなかったのだと思います。

　元号が平成となり、特殊教育から特別支援教育へと移行する中で、特別支援教育を受ける人は年間 1 万人のペースで増えていきました。特別支援学校では教室が不足し、食堂や会議室までもが教室として使われるほどでした。ようやく一人一人に応じた教育の意義や、重度の障害を持つ子どもの教育の大切さが人々に理解されてきたのだと思います。テレビでは障害に関する特集や障害者自身が出演するバラエティ番組が放送されるようになりました。パラリンピックの競技が一般のスポーツと並んで報道されるようにもなりました。「特別」が特別でなく、当たり前になる時代になりつつあるのかもしれません。

　一方で、2016 年に相模原市で起きた重度障害者施設での殺傷事件は記憶に新しく、思い出すたびに身も凍るような思いになります。事件を起こした青年は「社会に役に立たない障害者は抹殺されて当然だ」という意味のことを平然と述べたといいます。この事件は社会に大きな衝撃を与え、障害のある人の生活や生きる権利が大きく取り上げられましたが、そんな中、ネット上には犯人を擁護したり賛同したり、英雄視するような意見も投稿されました。このことは、現代の社会にまだまだ障害者に対する差別や偏見が根強く残っていること

を意味しています。

　今、時代は平成から新たな元号へと変わろうとしています。教育は「インクルーシブ教育」という、新しい流れに確実に向かっています。それは、障害のある子どもはもちろん、あらゆる子どもたちにとって豊かで実りのある教育であるはずです。子どもたちはやがて社会を支える大人となります。「障害者の社会参加と共生社会の形成」、それを名目だけのものでなく、真に社会に根づかせるためには、教育を基盤として、人々の意識を変えていくことが必要です。そして、それを確かなものにできるのは、私たち一人一人であるといってもよいでしょう。子どもたちに、夢多き未来があることを願ってやみません。

　本書が、少しでも教育に関わる人々のお役にたてればこれ以上の幸せはありません。新しい時代の教育を、一歩一歩、夢と希望を持って共に築いていきましょう。

2019 年 3 月　角田 哲哉

索　引

〈執筆者紹介〉

松浦俊弥（まつうら　としや）　担当：第1章・2章・3章・6章・7章
　桜美林大学文学部英語英米文学科卒業
　淑徳大学大学院社会福祉学専攻博士前期課程修了（社会福祉学修士）
　現職：淑徳大学総合福祉学部教授

（主な著作・執筆）
　「病気の子どもの理解のために」（国立特別支援教育総合研究所・全国特別支援学校病弱教育校長
　会編・共著）、『自閉症スペクトラム児・者の理解と支援』（教育出版・共著）、『自閉症スペクト
　ラム辞典』（教育出版・共著）、『生きる力と福祉教育・ボランティア学習』（万葉舎・共著）、『エ
　ピソードで学ぶ　知的障害教育』（北樹出版・単著）、『ライフステージの発達障害論』（北樹出版・
　共著）　等

角田哲哉（かくだ　てつや）　担当：第4章・第5章
　武蔵大学人文学部日本文化学科卒業
　聖徳大学大学院児童学研究科博士前期課程修了
　放送大学大学院文化科学研究科臨床心理プログラム修了
　現職：放送大学障がいに関する学生支援相談室教授

（主な著作・執筆）
　『病気の子どものこころの世界─描画・箱庭・物語づくりから見えてくるもの』（創元社・単著）、
　『自立活動の指導』（教育出版・共著）、『障害児のための授業法ハンドブック』（コレール社・共著）
　等

障害のある子どもへのサポートナビ──特別支援教育の理解と方法【改訂版】

2019 年 4 月 25 日　初　版　第 1 刷発行
2022 年 3 月 20 日　初　版　第 2 刷発行
2024 年 4 月 25 日　改訂版　第 1 刷発行

著　者　　松 浦 俊 弥

角 田 哲 哉

発行者　　木 村 慎 也

印刷　新灯印刷・製本　和光堂

発行所　株式会社 北 樹 出 版
http://www.hokuju.jp

〒 153-0061　東京都目黒区中目黒 1-2-6
TEL：03-3715-1525（代表）　FAX：03-5720-1488

ISBN　978-4-7793-0756-0

（乱丁・落丁の場合はお取り替えします）